빠르게 보는 수학의 역사

빠르게 보는 수학의 역사

수를 세는 동굴인에서 컴퓨터까지

클라이브 기퍼드 글 | 마이클 영 그림 | 장석봉 옮김

차 례

- 6 들어가는 말
- 8 개코원숭이 다리뼈
  최초의 수학 도구
- 10 돌, 조개껍데기, 나뭇잎
  탤리 스틱과 셈의 역사
- 12 손가락과 발가락
  10진법
- 14 점토판에 숫자 적기
  바빌로니아 쐐기 문자
- 16 육십진법
  바빌로니아의 60진법
- 18 숫자를 그림으로 그려 볼까?
  상형 문자로 된 숫자들
- 20 제발 100만으로 반올림을!
  100만을 나타낸 최초의 기호
- 22 화가 날 만큼 어려운 분수
  고대 이집트인의 분수 사용법
- 24 피라미드를 만드는 데도 수학이 필요해
  고대 이집트의 곱셈법
- 26 증명을 좋아한 그리스인
  수학의 보편 법칙
- 28 그리스인들이 탐구한 입체 도형
  플라톤의 다면체
- 30 원둘레와 지름의 관계
  원주율과 원의 면적
- 32 모든 것은 수!
  피타고라스의 정리

- 34 같은 수를 두 번 곱하면?
  제곱
- 36 제대로 설명하고 증명해 봐
  증명과 공리
- 38 가장 위대한 수학책
  유클리드 《원론》
- 40 가장 아름다운 비율
  황금비
- 42 참이야, 거짓이야?
  역설
- 44 소수를 찾아라!
  에라토스테네스의 체
- 46 에라토스테네스가 해낸 일
  지구 둘레 계산
- 48 알몸으로 뛰쳐나온 수학자
  아르키메데스의 수학적 발견
- 50 로마인들에게 수학이란?
  로마 숫자
- 52 음수를 사용한 중국
  음수와 양수
- 54 마법의 사각형
  마방진
- 56 이십진법
  마야의 20진법
- 58 천문학과 수학으로 만든 달력
  마야의 달력
- 60 마음을 비우고 0을 생각해 봐!
  0의 발견

62 **인도 숫자, 세계로 퍼져 나가다**
1에서 9까지 숫자의 기원

64 **분수로 나타낼 수 없는 수**
무리수의 발견

66 **지혜의 전당**
알 콰리즈미와 알고리즘

68 **미지수를 찾아라!**
대수학의 탄생

70 **암호를 해독하라**
빈도 분석과 대칭

72 **아랍 수학, 유럽으로 가다**
로마 숫자와 아라비아 숫자

74 **아랍 수학에 반한 피보나치**
피보나치 수열

76 **1원이 날마다 2배씩 늘어나면…**
지수

78 **네이피어의 뼈**
로그와 로그표

80 **17세기의 숫자 놀이**
파스칼의 삼각형

82 **어떤 일이 일어날 가능성**
확률

84 **정보를 어떻게 읽어 낼 것인가**
통계

86 **똑똑한 가우스가 알아낸 것**
정규 분포

88 **뉴턴과 라이프니츠의 전쟁**
미적분

90 **스위스의 천재 수학자, 오일러**
오일러의 업적

92 **상상의 수**
허수

94 **조건에 맞게 모여라!**
집합

96 **프로그래밍 가능한 최초의 컴퓨터?**
해석 기관과 최초의 프로그래머

98 **0과 1로 모든 수를 표현하다**
2진법

100 **논리적인 회로?**
불 논리와 논리 회로

102 **엄청난 양의 수학 계산**
현대식 컴퓨터

104 **새롭고 멋진 이론들**
게임 이론, 카오스 이론, 그래프 이론

106 **우리 삶을 분석하는 수학**
빅 데이터

108 **수학은 미래를 바꿀지도 몰라**
미래의 수학

110 **위대한 수학적 발견의 연대기**

116 **수학에서 실수가 벌어지면…**

118 **또 다른 놀라운 실수들**

120 **수학 퀴즈**

124 **용어 설명**

126 **찾아보기**

들어가는 말

이 책에는 수학에 관한 이야기가 실려 있어. **사실 수학 그 자체에 대한 이야기**라고 할 수 있지. 너희는 이렇게 생각할지도 몰라.

'수학이 이야기라고요? 수학은 숫자, 도형… 이런 거 아니에요? 게다가 x니 y니 하는 것들이 잔뜩 나오는 복잡한 수식투성이잖아요. 그런데 어떻게 이야기라고 말할 수 있어요?'

맞아, 수학은 문제집에 나오지 소설책에 나오지는 않아.

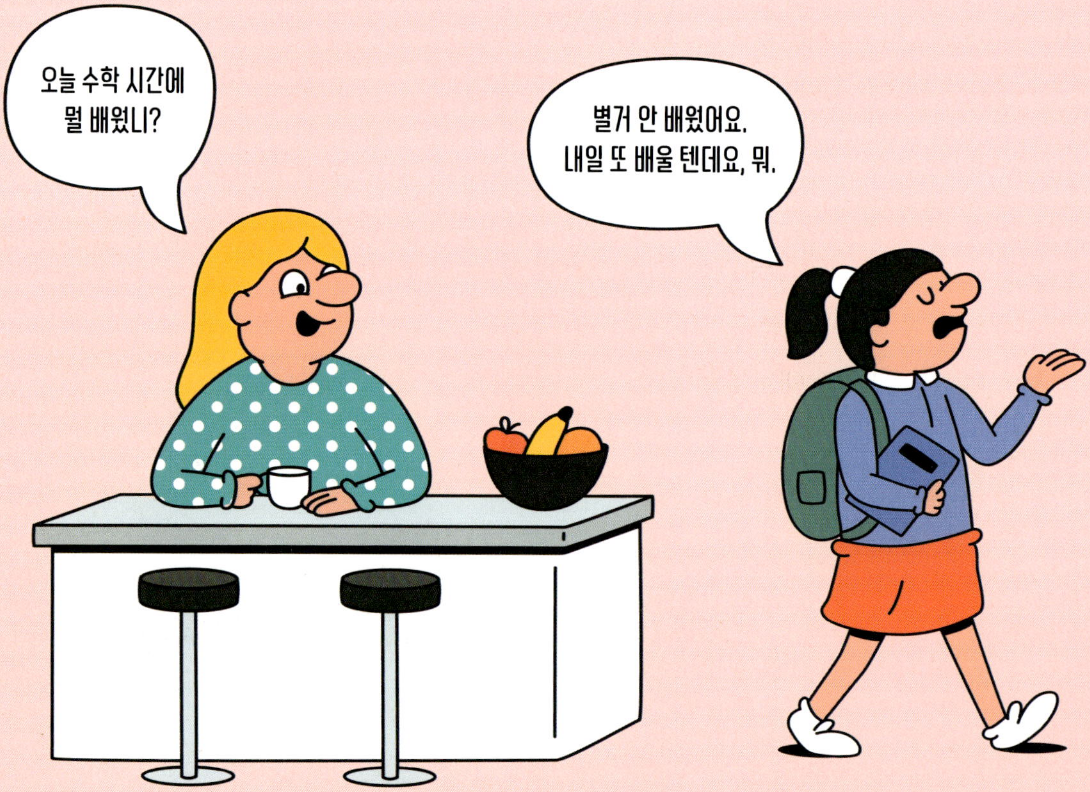

오늘 수학 시간에 뭘 배웠니?

별거 안 배웠어요. 내일 또 배울 텐데요, 뭐.

사실 자동차, 초콜릿 바, 전구처럼 **수학도 우리 인간이 발명**한 거야. 물론 발명이 아니라 '발견'이라고 하는 사람도 있지. 하지만 중요한 건 우리가 일상에서 수를 사용하는 방식은 인간의 관점으로 만들어졌다는 거지. 예를 들어 수를 10단위로 묶어서 말하는 건 우리 손가락이 열 개이기 때문인 것처럼.

우리는 **숫자가 시간에 따라 어떻게 변화해 왔는지**에 대해서도 알아볼 거야. 예를 들면 1,500년 전까지만 해도 0이라는 숫자가 없었다는 거 알고 있니? 600년 전 유럽 사람들은 오늘날 우리가 사용하는 3, 6, 9 같은 숫자가 아니라 Ⅲ, Ⅵ, Ⅸ 같은 로마 숫자를 사용했어.

이 책은 인간이 만들어 낸 수학의 역사를 훑어보면서, 수학이 어떻게 오늘날 우리가 살아가는 데 없어서는 안 될 중요한 것이 되었는지를 살펴보는 책이야. 그게 무슨 소리냐고? 생각해 봐. 피자를 사람 수에 맞게 조각낼 때도, 스마트폰으로 영화 볼 시간을 친구한테 말해 줄 때도 **수학이 필요**하잖아.

자, 이제 개코원숭이 뼈로 이야기를 시작해 볼까? 이야기의 시작은 늘 중요하지.

어휴, 수학만큼 쓸모없는 게 또 있을라고.

개코원숭이 다리뼈

아주아주 먼 옛날, 그러니까 지금으로부터 약 **43,000년 전** 일이야. 아프리카 남부의 스와질란드라는 나라에 있는 레봄보 산맥의 한 동굴에서 어떤 선사 시대 사람이 갑자기 뭔가를 세야 할 일이 생겼어.

그래서 **개코원숭이 다리뼈**에 눈금을 **스물아홉 개** 새겼지.

1970년대에 이 뼈가 발견되었어. 수학과 관련된 유물로는 세계에서 가장 오래된 거야. 학자들은 이것이 **수를 기록한 최초의 방식**이라고 믿고 있어.

뭔가 수를 셀 필요가 생기면 선사 시대 사람들은 날카롭게 간 돌로 뼈에 눈금을 새겨서 기록했어.

그렇다면 학자들은 이게 수를 기록한 거라는 걸 어떻게 알 수 있었을까?

이런 방식은 역사적으로 널리 쓰여 온 것으로 알려져 있어.

홈을 새겨서 수를 기록한 유물은 중동, 오스트레일리아, 아프리카 등지에서 많이 발견되었어. **사슴**이나 **늑대 뼈**, **작은 나뭇가지**에 홈을 새긴 것도 있었어. 그 가운데 **이상고 뼈**가 아주 유명해. 1960년 콩고의 비궁가 국립 공원 내 이상고 지역에서 발견되어서 '이상고 뼈'라는 이름이 붙었지. 20,000년에서 22,000년쯤 전에 만들어진 건데, 개코원숭이 다리뼈에 여러 개의 눈금이 새겨진 거야. 학자들은 달력이나 계산 도구로 활용되었을 거라고 추정해.

동물들은 이런 식으로 수를 세는 법이 발명된 게 달갑지 않았겠지?

뼈나 막대에 수를 기록하는 방식은 아주 오랫동안 쓰여 왔어. 물론 수를 세고 기억하는 데 도움을 줄 수 있는 다른 물건들도 쓰였지. 1이나 7 같은 실제 숫자가 없었는데도 말이야.

돌, 조개껍데기, 나뭇잎

뼈에 홈을 새겨 수를 기록하면 무언가의 개수를 한눈에 알 수 있었어. 잡은 물고기의 수, 가족의 수 등등을 말이야.

비슷한 방식으로 중세 유럽인들은 빚이나 세금 같은 걸 막대에 기록해 사용하기도 했어. 눈금을 새긴 후, 막대를 세로 방향으로 둘로 갈라 한 조각씩 나눠 가진 거지. 그렇게 하면 같은 눈금이 기록된 조각을 양쪽 모두 가질 수 있게 되잖아.

이처럼 빌린 돈을 눈금으로 새긴 나무 조각을 **탤리 스틱**이라고 해.

영국 정부는 탤리 스틱을 둘로 쪼개는 방법을 1826년까지 사용했어. 그리고 8년 후에 그동안 모아 두었던 탤리 스틱들을 불태워 버렸지. 그런데… 그런데 말이야. 불이 번져 국회 의사당이 불타 버리는 사고가 났지 뭐야.

사람들이 수를 세기 위해 막대기만 사용한 건 아니었어. **돌**이나 **조개껍데기**, 심지어는 **나뭇잎**을 이용해 수를 세기도 했어. 근데 나뭇잎은 좀…. 너무 가벼워서 쉽게 사라지지 않았을까?

고대 잉카인들은 수를 기록할 때 알파카나 야마 털로 만든 끈에 매듭을 묶는 방법을 사용했어. 기록할 내용에 따라 끈의 색깔과 매듭의 위치를 달리했지.

마야인들은 이걸 **키푸**라고 불렀는데, 페루어로 **매듭**이란 뜻이야.

그런데 작은 수라면 눈금이나 매듭 말고도 이용할 수 있는 것이 있었어. 언제 어디서나 쉽게 사용할 수 있는 것!

손가락 말이야!

손가락과 발가락

아주 옛날 사람들은 주로 **손** 가까이 있는 것들을 이용해 수를 셌어. 그런데 얼굴에서 손보다 가까이 있는 건 없잖아?

음, 코? 코는 눈에 가장 가까이 있지만 하나뿐이잖아. 겨우 하나까지만 셀 수 있다면 의미가 없지 않겠니? 뭐? 둘까지 셀 수 있다고? 흠… 얼른 안과에 가 보렴.

눈금을 새길 뼈도 나뭇가지도, 매듭을 묶을 끈도, 그리고 조개껍데기도 없을 땐 어떻게 했을까? 선사 시대 사람들은 **손가락**을 사용해 수를 셌어. 물론 발가락도 썼겠지.

사람들은 대부분 한 손에 손가락이 다섯 개 있어. 그러니까 수를 세는 기본 단위로 5나 10이 흔히 쓰였다는 건 그다지 놀랄 만한 일이 아니야.

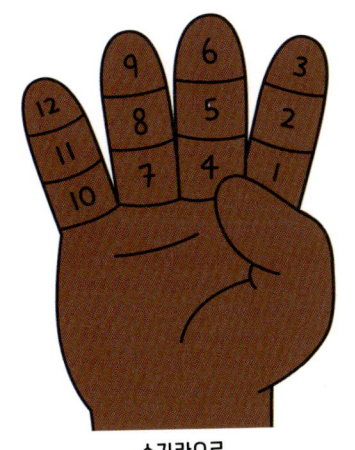

손가락으로
12까지 세는 방법

　10단위로 수를 세는 방법은 여전히 널리 쓰이고 있어. 우리도 지금 그렇게 수를 세고 적고 있잖아. 0에서 9까지 열 개의 숫자를 써서 10배마다 윗자리로 올려서 1, 10, 100처럼 수를 적는 방법을 **10진법**이라고 해.

　그런데 손가락을 사용하는 방법은 저마다 달랐어. 선사 시대 아시아 일부 지역 사람들은 12단위로 수를 셌어. 그들은 엄지손가락으로 나머지 네 손가락의 세 마디 중 한 부분을 짚는 방식으로 수를 셌지. 하지만 그보다 큰 수를 세거나 복잡한 문제를 풀어야 할 때는 손가락뿐 아니라 발가락도 썼어.

　10,000년 전쯤 사람들은 더 이상 사냥을 하지 않게 되었어. 여기저기 다니며 먹을 것을 모으는 일도 더 이상 하지 않았지. 한곳에서 살며 농사를 짓게 됐거든. 그러자 수를 셀 일이 더 많아졌어.

점토판에 숫자 적기

오늘날 이라크에 해당하는 지역인 메소포타미아에 살던 사람들은 한곳에 정착해 농사를 지은 초창기 사람들 중 하나였어. 정착 생활을 시작하자 사람들은 수를 셀 일이 훨씬 더 많아졌어. 씨를 뿌려야 할 때까지 며칠이나 남았는지, 가축은 몇 마리인지, 수확량은 얼마나 되는지 등등….

최초의 수 체계는 1부터 시작해 계속 1을 더해 나가는 식으로 수를 나타내는 방식이었어. 1부터 시작한 건 현명한 일이었어. 하지만 **큰 수**를 세기에는 힘든 방법이었지. 그래서 **새로운 기호**를 만들어야 했어.

5,000년 전쯤 수메르인들이, 그리고 그보다 조금 뒤에 **바빌로니아인**들이 글자를 사용하기 시작했어. 둘 다 메소포타미아 사람들이야. 암튼 그들은 갈대 줄기 끝을 뾰족하게 만든 후 그걸로 점토판을 눌러 **쐐기 모양** 자국을 냈어. 그런 다음 햇볕에 말려 단단하게 만들었지.

바빌로니아인들은 세로로 된 쐐기 모양 기호로 1을, 가로로 된 쐐기 모양 기호로 10을 나타냈어.

예를 들면, 이렇게 말이야.

vvvv = 4, <vv = 12 그리고 <<<vvv = 33.

그런데 60에서 문제가 생겨. 60을 나타내는 기호랑 1을 나타내는 기호가 같아져 버리는 거야. 하지만 그 위에 자릿값이라는 걸 포개면…

바빌로니아의 수

1	11	21	31	41	51
2	12	22	32	42	52
3	13	23	33	43	53
4	14	24	34	44	54
5	15	25	35	45	55
6	16	26	36	46	56
7	17	27	37	47	57
8	18	28	38	48	58
9	19	29	39	49	59
10	20	30	40	50	60

육십진법

우리는 지금 10단위로 수를 세는데, 바빌로니아인들은 60단위로 수를 셌어. 하지만 **바빌로니아 숫자**도 숫자가 위치하는 자리에 따라 값이 달랐어.

헷갈린다고? 괜찮아! 우리가 쓰는 수 체계는 고작 10진법인데도, 학교에서 자릿수*와 자릿값*에 대해 배우기 전에는 나도 헤맸거든.

10진법은 0에서 9까지 열 개의 숫자를 사용해 수를 나타내는 방법이야. 9보다 더 큰 수를 쓰려면 한 자리를 올려서 10이라고 쓰면 돼. 1, 10, 100, 1000… 이렇게 10배마다 새로운 자리로 옮겨 가는 거야.

즉 10진법에서는 새로운 자리가 생길 때마다 그곳에 쓰는 숫자의 값이 이전 것보다 10배씩 커져.

숫자 66을 예로 들어 볼게. 숫자 6을 두 번 썼는데, 앞에 쓴 6의 자릿값이 10이고 뒤에 쓴 수의 자릿값은 1이야.

* 자릿수는 수의 자리를 말해. 일, 십, 백, 천, 만 등이 있지.
* 자릿값은 숫자가 위치한 자리에 따라서 정해지는 값이야. 예를 들어, 123에서 3은 일의 자리에 있으니까 3을 의미하고, 2는 십의 자리에 있으니까 20, 1은 백의 자리에 있으니까 100을 의미해.

바빌로니아의 **60진법**도 원리는 같아. 다른 점은 숫자가 1에서 59까지 있고, 59보다 큰 수를 쓸 때는 새로운 자리가 필요하다는 것뿐이야. 새로운 자리의 값은 60배가 커. 그러니까 우리가 자릿값 1, 10, 100을 두고 고민할 때, 바빌로니아인들은 자릿값 1, 60, 3600을 놓고 고민했겠지.

쓸 자리만 있으면 큰 수도 얼마든지 쓸 수 있어. 예를 들면 60진법으로 3 3 3은 10,983이 돼.

바빌로니아인들에게는 0이라는 숫자가 없었어. 그래서 0이 들어갈 자리는 빈칸으로 비워 두었지. 그러지 않으면 3,000이랑 3이랑 같아 보일 테니까.

3,600	60	1
3	3	3

60진법이 이상해 보일 수도 있지만 우리도 지금 쓰고 있어. **시간을 나타낼 때** 쓰잖아. 60초가 1분이고, 3,600초가 1시간이지. 하지만 바빌로니아 이후의 문명은 대체로 10진법으로 수를 셌어.

숫자를 그림으로 그려 볼까?

바빌로니아인들이 60단위로 수를 세고 있는 사이, **고대 이집트**는 수학의 성지로 떠오르고 있었어. 바빌로니아에서 서쪽으로 수백 킬로미터 떨어진 곳에 있는 이집트는 거대한 피라미드와 으리으리한 신전이 가득한 곳이었어.

이집트인들은 수학을 획기적으로 발전시키느라 바빴어. 물론 건물을 짓거나, 농사를 짓거나, 개코원숭이를 반려동물로 기르거나, 미라를 만드느라 정신없을 때는 빼고 말이야.

고대 이집트에서는 상형 문자를 사용해 숫자나 단어를 나타냈어.

상형 문자는 그림으로 된 기호를 바탕으로 하는 문자야. 필경사라고 불리는 사람들이 상형 문자를 돌에 새기거나 파피루스에 잉크로 썼어. 아, 파피루스는 파피루스라는 풀 줄기의 섬유로 만든 종이야. 아무튼 이 문자를 쓰려면 머리도 좋고 기억력도 뛰어나야 했어. **백 개도 훨씬 넘는 기호**를 외워야 했거든. 그래서 대부분의 보통 사람들은 문자를 읽고 쓰지 못했어.

고대 이집트의 수들은 10을 기본수로 했어. 하지만 2, 3, 4, 5, 6, 7, 8, 9 같은 숫자를 나타내는 특별한 기호가 따로 없었어. 물론 0을 나타내는 기호도 없었지. 예를 들어, 6은 1을 나타내는 작대기 여섯 개를 수직으로 그어서 나타냈어.

$$6 = ||||||$$

상형 문자의 숫자들은 **커지면 커질수록** 모양이 재밌어.

10은 뒤꿈치 뼈로

100은 돌돌 말린 밧줄로

1,000은 연꽃으로

10,000은 손가락으로

100,000은 올챙이나 개구리로 나타냈어.

그런데 고대 이집트에서는 지금처럼 자리를 올려서 수를 적는 방법이 없었기 때문에 숫자를 적으면 아주 **길~~어~지곤** 했어. 만약 너희가 이집트의 필경사였다면, 999,999 같은 수는 절대로 쓰고 싶지 않았을 거야.

제발 100만으로 반올림을!

고대 이집트는 크고 잘사는 나라였어. 그래서 군대도, 농산물 수확량도, 거둬야 할 세금도, 지불해야 할 임금도 엄청났어. 그런 걸 계산하려면 아주 큰 수가 필요했어. 파라오의 땅에서는 숫자 999,999를 쓰려면 여섯 개의 상형 문자를 각각 아홉 번씩 써야 했어. 문자가 무려 쉰네 개나 필요했지.

그래서 고대 이집트인들은 100만에 해당하는 기호를 처음으로 고안해 냈어. 나중에 고대 그리스인들도 큰 수를 세는 단위로 '**미리어드**(myriad)'라는 말을 사용했는데, 겨우 10,000을 나타내는 거였어. 고대 이집트인들이 그보다 훨씬 전에 100배나 더 큰 수를 세는 단위를 사용한 거지.

100만을 나타내는 **상형 문자**는 이집트의 오래된 신 중 하나인 **헤**를 묘사한 것이었어.

헤는 장수의 신이야.
팔을 옆으로 뻗은 모습이었지.
이집트인들은 덧셈과 뺄셈 기호를 어떻게 나타냈을까? 다리 모양을 사용했어. 다리가 숫자 방향으로 걷고 있으면 더하기, 다리가 숫자 반대 방향으로 걷고 있으면 빼기가 되는 거야.

헤를 묘사하는 방식

내가 잡으려다 놓친 물고기가 이 정도 되려나?

빼기 1,000

더하기 100,000

흥미롭게도 이집트인들은 무한을 나타내는 기호도 갖고 있었어. 뭐, 그 기호를 수학에 실제로 사용했는지는 의심스럽지만. 아무튼 밧줄을 둥글게 말아 묶은 것처럼 생긴 이 그림이 무한(영원함)을 나타내는 상형 문자야.

무한을 나타내는, 셴링이라는 상형 문자야.

21

화가 날 만큼 어려운 분수

큰 왕국을 다스리려면 큰 숫자들만 필요한 게 아니었어. **수를 나누는 방법**도 알아야 했지. 분수를 처음 사용한 곳 중 하나인 **고대 이집트**에서도 처음에는 분수가 큰 문제였어.

우리가 고대 이집트의 수학에 대해 알게 된 건 두 개의 파피루스 두루마리 덕분이야. 그중 린드 파피루스라는 두루마리에서 여든일곱 개의 수학 문제가 발견되었는데 그중에 여든한 개가 분수 문제였어.

분수를 사용하면 일꾼들에게 빵을 **나눠 줄 때**, 농부들에게 땅을 나눠 줄 때, 아니면 파라오가 자신이 아끼는 신하들에게 보물을 나눠 줄 때처럼 뭔가를 나누어야 할 때 아주 편했지.

분자 → $\frac{1}{4}$ ← **분모**

전체를 나눈 부분 중 몇 부분을 가질 수 있는지를 나타내.

전체를 몇 부분으로 나눌지를 나타내.

지금까지는 별문제 없지? 그런데 고대 이집트인들은 자신들의 생활을 스스로 더 골치 아프게 만들었어. 그것도 $\frac{4}{2}$ 방식, 그러니까 두 가지 방식으로 말이야.

첫째, 분자가 1인 분수를 **단위 분수**라고 하는데, 고대 이집트인들은 이런 분수만 사용했어. 이집트에서는 9분의 7 같은 건 사용하지 않았다는 거야.

둘째, 덧셈에 사용되는 분수들은 다 달라야 했어. 무슨 말이냐고? $\frac{3}{4}$ 을 만들기 위해 $\frac{1}{4} + \frac{1}{4} + \frac{1}{4}$ 이라는 방식을 사용할 수 없었다는 말이야.

솔직히 $\frac{1}{2} + \frac{1}{4}$ 정도를 계산하는 건 그렇게 어렵지 않지만, 어떤 경우에는 끔찍하게 복잡해져. 예를 들면 $\frac{6}{7}$ 은 $\frac{1}{2} + \frac{1}{3} + \frac{1}{42}$ 이고, $\frac{2}{29}$ 는 $\frac{1}{24} + \frac{1}{58} + \frac{1}{174} + \frac{1}{232}$ 야.

머리 아파!

하지만 피라미드 건설에 비하면 이 정도는 복잡한 축에도 못 들어. 피라미드를 세우려면 엄청나게 **복잡한 계산**이 필요했거든.

고대 이집트에서는 이런 식의 분수는 쓸 수 없었어.

넌 이 케이크의 $\frac{1}{24} + \frac{1}{58} + \frac{1}{174} + \frac{1}{232}$ 을 먹을 수 있단다.

전 안 먹을 테니 엄마나 드세요.

피라미드를 만드는 데도 수학이 필요해

고대 이집트인들의 수학 실력이 얼마나 대단했는지는 지금도 확인할 수 있어. 고대 이집트의 피라미드들은 3,500년도 더 전에 지어졌어. **피라미드**를 만들려면 완벽한 계산이 필요했는데, 다행히 그들은 수학을 아주 잘했지.

그들은 삼각형과 사각형의 면적을 구하는 법을 알고 있었어. 덕분에 피라미드 부피도 계산해 낼 수 있었지. 그들은 **기하학**을 활용해 경사도도 계산해 냈어. 경사도는 피라미드의 겉면을 만드는 데 중요했어.

큰 수들을 **곱해야 할 일**들도 많았지. 그런데 그들의 곱셈법은 아주 특이했어. 이제부터 차근차근 설명해 줄게. 준비됐지?

이집트의 한 필경사가 표를 만들고 있어. 첫 번째 열에는 맨 위에 1을 쓰고 그다음으로 2, 4, 8, 16처럼 두 배씩 큰 수들을 쭉 써 내려가. 그리고 두 번째 열에는 곱하고 싶은 수를 쓰고 그 아래로 그 수를 두 배씩 해서 나온 값을 쭉 써 내려가.

예를 들어 21×16의 계산법을 볼까?

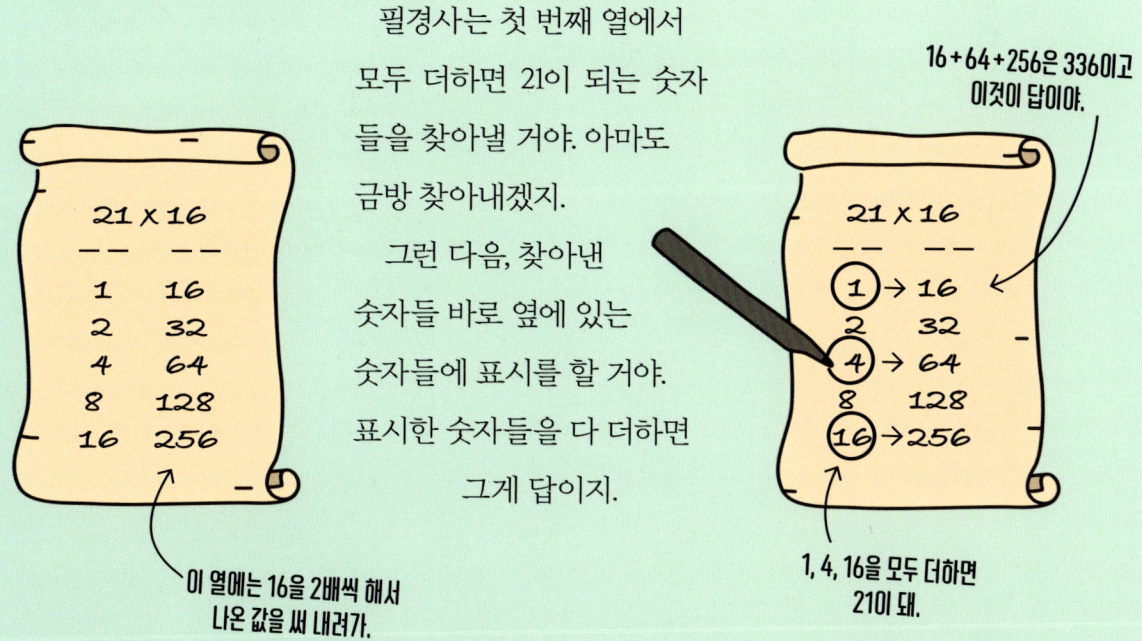

학교에서 곱셈을 이런 식으로 배우지 않는 게 정말 다행이지? 이건 **정말 복잡한 방법**이야. 그건 그렇고, 고대 이집트인들의 곱셈법을 보고 뭔가 느껴지는 게 있지? 맞아, 수를 세는 방법이나 계산법은 시대나 장소에 따라 다 달랐어.

증명을 좋아한 그리스인

약 3,000년 전에 **고대 그리스인**들은 지중해 지역에서 가장 찬란한 문명을 일궜어. 스파르타나 아테네 같은 고대 그리스 도시 국가들 간에 전쟁이 자주 벌어지면서 수학도 많이 발전했지.

그리스인들은 자신들보다 앞서 수학을 발전시킨 이집트 같은 나라의 수학을 배워 왔어.

하지만 그리스인들은 실용적이었던 이집트인들과는 달리 지식 자체를 좋아했어. 그래서 처음으로 도형, 선, 길이 등에 숨어 있는 **수학의 보편 법칙**들을 찾으려는 시도를 했지.

그리스인들은 수학의 원리를 탐구하여 그것이 매우 중요하고 영향력 있다는 것을 **증명**할 방법을 찾았어. 오늘날 우리는 여전히 이런 방식으로 수학을 해.

수학적으로 아주 중요한 걸 내가 생각해 냈어. 아마 3,000년 후 사람들도 내가 생각해 낸 걸 쓰게 될 거야.

그래? 증명해 봐!

수학적으로 참임이 증명된 사실을 **정리**라고 해. 그리스인들이 알아낸 초기의 정리들 중에는 기하학에 관한 것들도 있어. **기하학**은 도형과 공간의 성질에 대해 연구하는 수학 분야지. 기하학의 영어 단어(geometry)는 그리스어로 '땅'과 '재다'라는 뜻을 가진 단어에서 유래했다고 해.

기하학에는 **평면 기하학**과 **입체 기하학**이 있어.

  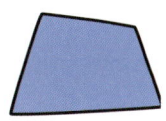

평면 도형에 대해 연구하는 학문이 평면 기하학이야. 원, 삼각형, 사각형, 사다리꼴 같은 **2차원 도형**을 다뤄. 물론 선도 다루지.

그렇다면 입체 기하학은 뭘까? 정육면체, 원기둥, 구 같은 **3차원 도형**을 연구하는 학문이야.

그리스인들이 탐구한 입체 도형

고대 그리스의 수학자들은 **정다면체 다섯 가지**를 알아냈어. 정다면체들은 크기와 면적이 같은 면들로 이루어져 있어. 그리고 각 꼭짓점에서 만나는 면의 개수도 같지.

고대 그리스인들이 알아낸 멋진 **정다면체** 다섯 개를 살펴볼까?

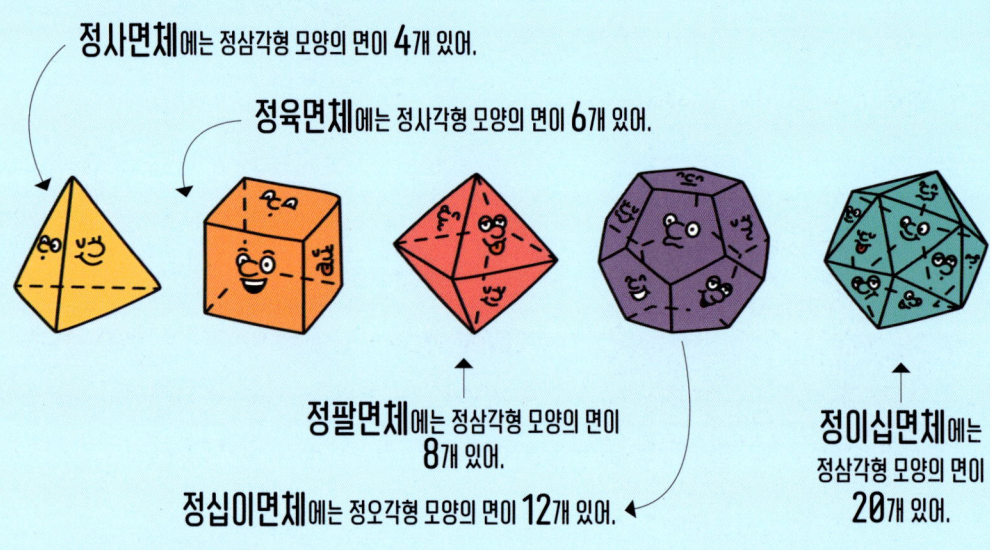

정사면체에는 정삼각형 모양의 면이 **4**개 있어.

정육면체에는 정사각형 모양의 면이 **6**개 있어.

정팔면체에는 정삼각형 모양의 면이 **8**개 있어.

정십이면체에는 정오각형 모양의 면이 **12**개 있어.

정이십면체에는 정삼각형 모양의 면이 **20**개 있어.

기하학을 모르면 들어올 수 없음.

이 다섯 가지 정다면체를 사람들은 **플라톤의 다면체**라고도 불러. 고대 그리스의 철학자 플라톤이 세운 아카데미아라는 학교는 기하학에 재능이 뛰어난 학생들만 입학할 수 있었다고 해.

고대 그리스인들은 **직육면체**나 **각기둥**처럼 면의 모양이 다른 입체 도형들뿐 아니라 **원뿔, 구, 원기둥**처럼 곡면을 가진 도형들에도 관심을 가졌어. 최초의 여성 수학자인 히파티아는 원뿔과 관련된 수학책을 썼지. 히파티아는 유명한 철학자이기도 했어.

이집트에서 태어난 히파티아가 수학자로서 이름을 알리기 시작한 곳은 공부를 하기 위해 머물던 고대 그리스의 아테네였어.

오, 원뿔이네. 내가 가장 좋아하는 도형!

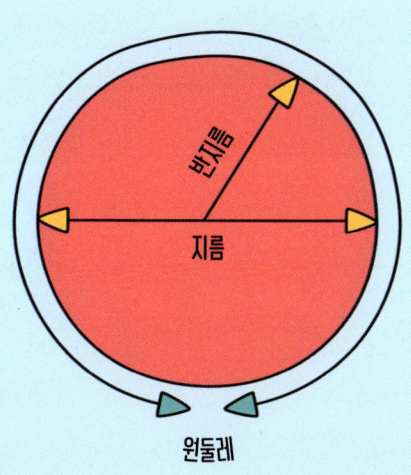

원은 그리스의 기하학자들이 그 어떤 도형보다 좋아한 도형이었어. 그들은 **원둘레(원주)에서 원의 중심까지 거리**는 원둘레 어디서든 항상 같다는 걸 알아냈어. 이 거리가 바로 **반지름**이야. 원의 면적을 알아내는 데 쓰는 반지름에 대해서는 다음 페이지에서 자세히 말해 줄게.

넌 뾰족한 데가 없네.

나도 알아. 난 모서리가 없어.

원둘레와 지름의 관계

고대 그리스인들, 그리고 그들보다 앞선 사람들은 원둘레와 지름 사이에 어떤 **비***가 존재한다는 걸 알아냈어. 비에 대해서는 40쪽에서 좀 더 자세히 설명해 줄게. 아무튼 원둘레(원주)의 길이와 지름의 비는 **상수**야. 원의 크기와 상관없이 그 수가 항상 똑같다는 뜻이지. 그리스인들은 그걸 **파이(π)**, 즉 **원주율**이라고 이름 붙였어. 파이는 **약 3.14**야. 그러니까 그 말은 원의 둘레는 항상 지름의 3.14배라는 거지.

약 3.14라고 하니까 왠지 수학하고는 안 어울리는 것 같지? 하지만 그건 파이가 **무리수**라 그래. 끝이 없는 수 말이야.

* 비는 어떤 두 개의 수 또는 양을 비교하여 몇 배인가를 나타내는 관계야.

고대 이집트인들은 파이의 값을 알아내려고 노력했어. 그 결과 3.16이 좀 넘는 수라는 걸 밝혀냈어. 하지만 아르키메데스 같은 고대 그리스인들은 파이 값에 좀 더 가까이 다가갔어. 수학자들이 파이 값을 정확히 알아내는 일에 정신없이 매달렸거든. 지금은 슈퍼컴퓨터를 이용해 **소수점 아래 62조 8천억 번째** 자리까지 파이 값을 알아내는 데 성공했어. 그래, 나도 알아. 아직 멀었다는 거.

그런데 파이는 어디에 쓰는 걸까? 음, 원의 반지름을 제곱한 수를 파이랑 곱하면 원의 면적을 알 수 있어. 식으로 쓰면 원의 면적 = πr^2이야.

예를 들어, 원의 반지름이 3cm라고 할 때 원의 면적은 얼마일까? 조금 전에 배웠잖아.
원의 면적 = πr^2이라는 거!
반지름의 길이가 3cm니까,
이렇게 쓸 수 있겠지?

원의 면적 = $\pi 3^2$

그리고 파이 값이 약 3.14니까

원의 면적 = 3.14 × (3 × 3)

이제 답이 나왔네.
원의 면적은 28.26cm²야.

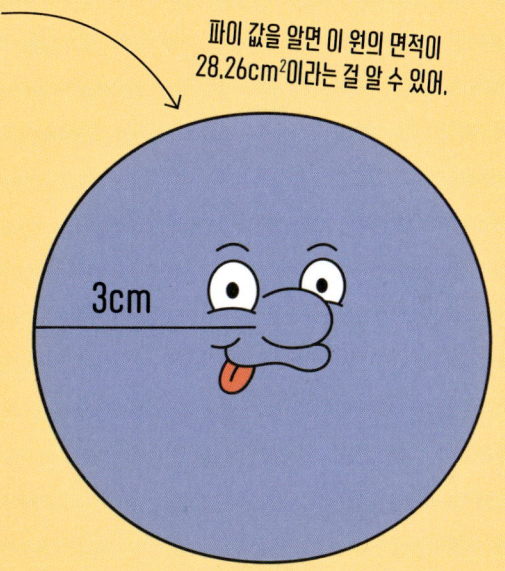

파이 값을 알면 이 원의 면적이 28.26cm²이라는 걸 알 수 있어.

3cm

어때, 먹는 파이만큼 만만하지? π에 대해 더 알고 싶어? 파이타고라스는 어때? 미안, 이제 위대한 그리스 수학자 피타고라스에 대해 알아보자.

모든 것은 수!

피타고라스는 고대 그리스 수학자들 중 최고의 슈퍼스타였어. '**피타고라스의 정리**'는 너희도 들어 봤을 거야. 물론 그게 뭔지는 잘 모를 수도 있겠지만… 아무튼 들어 보기는 했을 거야. 피타고라스는 기원전 530년경에 크로톤이라는 곳에서 학교를 열었어. 크로톤은 이탈리아에 있는 그리스 식민지였어. 그 학교 학생들과 피타고라스를 따르던 집단을 피타고라스학파라고 하는데, 이 사람들은 좀 특이했어. '**모든 것은 수**'라고 믿었거든.

피타고라스학파는 실제로 수에 따라 살았고, 수로 세계를 설명할 수 있다고 믿었어. 그들은 **10**을 **완벽한 숫자**로 여겼어. 그래서 10명 이상은 절대로 모이지 않았다고 해.

그들은 홀수는 남자, 짝수는 여자라고 생각했어. 또 수에는 특별한 의미가 있다고도 생각했어. 예를 들면 숫자 5는 3+2니까 결혼을 뜻하는 수라고 여겼지.

그런데 숫자 말고도 이상한 것들을 많이 믿었어. 그들은 콩을 먹지 않았고, 해가 떠 있는 쪽으로 오줌을 누면 안 된다고 믿었대.

피타고라스학파는 삼각형의 내각* 세 개 크기를 모두 더하면 180도라는 걸 발견했어. 직각삼각형에서 가장 긴 변, 그러니까 **빗변의 길이를 구하는 방법**도 알아냈어. 물론 **피타고라스의 정리**라는 엄청난 정리를 써서.

피타고라스의 정리는 직각삼각형에서 짧은 두 변의 길이를 제곱하여 합한 값이 빗변의 길이를 제곱한 값과 같다는 거야.

식으로 써 보면, 다음과 같아.

$$\underset{\text{짧은 변 두 개}}{a^2 + b^2} = \underset{\text{가장 긴 변(빗변)}}{c^2}$$

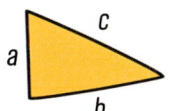

잠깐, 그런데 **제곱**이 뭐냐고?

* 내각은 다각형의 안쪽에 있는 각이야.

같은 수를 두 번 곱하면?

제곱은 같은 수를 두 번 곱한 거야. 예를 들어 3×3=9나 10×10=100처럼 말이야. 여기서 **9**랑 **100**을 제곱수라고 해. **제곱수**는 어떤 수를 제곱하여 얻은 수로, **정사각수**라고도 해. 제곱은 숫자 오른쪽 위에 2를 작게 써서 나타내지. 그러니까 3^2은 3의 제곱이란 뜻이고 9가 되지. 하나 더 해 볼까? 10^2은 10의 제곱이란 뜻이고 100이 되지.

제곱은 **바빌로니아 사람들**이 처음 사용하기 시작했다고 해. 제곱표를 점토판 위에 써 놓고 보면 정사각형 면적을 금방 알 수 있었지. 그걸 응용해서 농토의 면적을 쉽게 구하기도 했어.

제곱근은 어떤 수 a를 두 번 곱해서 x가 되었을 때, a를 x에 대하여 이르는 말이야. 앞에서 예로 들었던 제곱수 9하고 100 생각나? 9는 제곱수였지. 이때 3이 9의 제곱근이야. 제곱수 100의 제곱근은 10이고.

제곱근이란 말에서 '근'은 '뿌리'를 뜻하는 한자야. 알지? 뿌리 근(根)!

9나 100의 제곱근을 계산하는 건 쉬운 일이야. 그런데 **정수***가 아니라면 이야기가 달라져. 그런 수들은 꽤 어렵거든. 아무튼 그래서 수학자들도 웬만하면 계산기에 있는 제곱근(√) 버튼을 쓰지.

그건 그렇고, 혹시 **제곱수의 날**이란 게 있다는 거 아니? 월하고 날이 연도의 마지막 두 자리 수의 제곱근이 되는 날이 제곱수의 날이야. 다음 번 제곱수의 날은 2025년 5월 5일이야.

* 정수는 자연수, 0, 자연수의 음수를 통틀어 이르는 말이야. …, –2, –1, 0, 1, 2, … 등의 수들이지.

제대로 설명하고 증명해 봐

26~27쪽에서 살펴본 수학의 보편 법칙과 정리 기억나니? 마법이나 종교에서 수학을 처음으로 분리해 낸 사람은 **그리스인**들이야. 그들은 개인적인 견해는 수학이 될 수 없다고 생각했어.

그리스인들은 수학을 과학적으로 밝혀내려고 했어. 정리들이 모든 경우에 제대로 적용되는지 확인하는 식으로 말이야. '**증명**'이란 건 어떤 정리가 왜 참인지를 설명하는 거야. 증명은 '**공리**'에서부터 시작해. 공리는 설명하거나 증명하지 않아도 명백한 진리로 인정되는 원리를 말해.

증명은 약 2,600년 전에 밀레투스 출신의 수학자 탈레스가 처음 했다고 알려져 있어. 그는 지름은 원을 항상 이등분한다는 사실을 증명했어.

아주 쉬운 증명도 있어. **피타고라스의 정리** 같은 게 그렇지. 이건 자 하나만 있어도 증명할 수 있거든.

1. 아래 그림처럼 직각삼각형을 그리고 빗변의 길이를 계산해 봐.

2. 피타고라스의 정리가 $a^2 + b^2 = c^2$이라는 건 기억하고 있겠지?

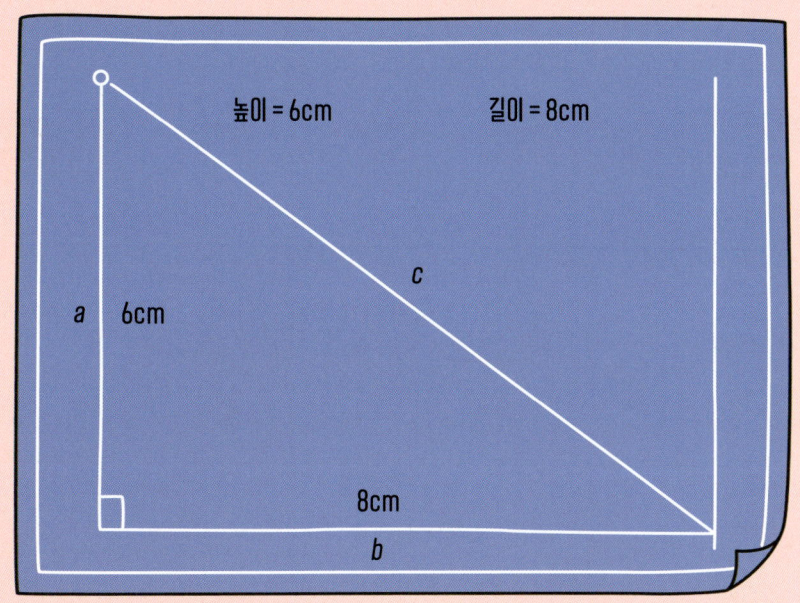

$$6 \times 6 + 8 \times 8 = 100 \rightarrow \sqrt{100} = 10$$

3. 자로 빗변(긴 대각선)을 재 봐. 10cm일 거야. 증명 끝!

물론 아주아주 복잡한 증명들도 많아. 어떤 증명은 수천 쪽이나 되는 것도 있어.
  기원전 300년경 어떤 그리스인이 공리와 증명들을 많이 모아서 엄청난 수학책을 썼어. 그 수학자가 바로 유클리드야.

가장 위대한 수학책

역사상 가장 위대한 수학책이라고 평가받는 책을 쓴 사람은 누구일까? 바로 고대 그리스의 수학자 **유클리드**야. 그의 삶에 대해서는 알려진 것이 거의 없어. 고대 이집트의 파라오 프톨레마이오스 1세에게 수학을 가르쳤다는 것과 기원전 300년경에 《원론》*이라는 책을 썼다는 것 말고는 말이야. 《원론》은 465가지 정리와 증명으로 빼곡한 엄청나게 두꺼운 책이야.

이 책은 **"평행선은 결코 서로 만나지 않는다.", "두 점을 잇는 직선을 그릴 수 있다."**처럼 유클리드 자신이 언제나 참이라고 여긴 것들과 공리를 설명하는 것으로 시작돼. 그는 이것들을 벽돌처럼 쌓아서 다른 수학적 사실들을 증명해 나갔어.

《원론》은 수많은 사람이 읽어 왔고, 오랜 세월이 흐른 지금까지도 수학자들이 손에서 놓지 않고 열독하는 책이야. 이 책은 세계에서 두 번째로 많이 출판된 책으로 알려져 있어. 가장 많이 출판된 책? 그건 물론 《성경》이지!

*《원론》은 《기하학 원론》이라고도 불려.

유클리드는 **'기하학의 아버지'**라고 불릴 만큼 수학에 많은 영향을 미쳤어. 1,000년도 넘는 후대 사람들인 요하네스 케플러, 아이작 뉴턴(88쪽을 봐) 같은 유명한 과학자들도 그의 책을 읽고 많은 발견을 했지.

《원론》의 절반 이상은 기하학을 다루고 있어. 온갖 **입체 도형의 부피**를 구하는 방법도 실려 있지. 유클리드는 원뿔의 부피는 높이가 같은 원기둥 부피의 $\frac{1}{3}$임을 증명했어. 원기둥과 원뿔의 부피는 비를 사용해 비교할 수 있어. 비는 유클리드의 책에 나오는 여러 주제 가운데 하나야.

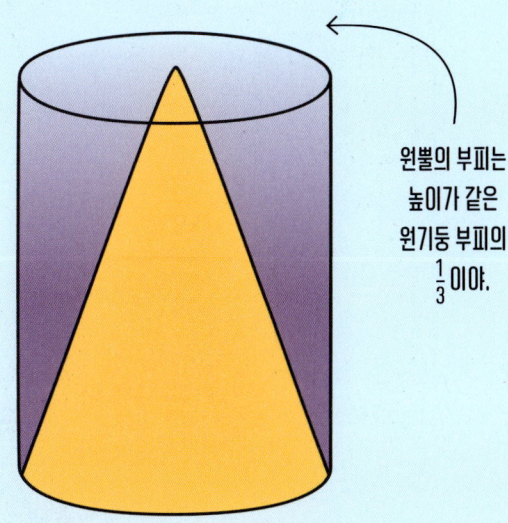

원뿔의 부피는 높이가 같은 원기둥 부피의 $\frac{1}{3}$이야.

가장 아름다운 비율

비는 두 개(혹은 그 이상)의 수 사이의 관계를 보여 줘. 비는 A:B 처럼 ' : ' 기호를 써서 나타내.

이때 양쪽을 같은 수로 곱하거나 나누어도 비율은 유지돼. 비는 조리법, 지도 제작, 공학 등에서 아주 쓸모가 많아.

맛있는 빵을 굽고 싶은데 조리법 찾아보기가 귀찮다면, 아주 간단한 **1:1:1:1**의 비만 기억하면 돼. 베이킹파우더를 조금 섞은 밀가루, 설탕, 버터, 달걀의 양이 전부 같다는 뜻이야. 저울로 달걀 무게를 잰 다음 나머지 재료들을 같은 무게로 준비해 섞으면 반죽 완료! 이제 적당히 부풀어 올라 황금빛이 날 때까지 오븐에 구운 다음, 냠냠!

피타고라스와 유클리드, 그리스 사람들은 **1 : 1.618***이란 비를 아주 맘에 들어 했어. 수천 년 동안 사람들이 이 비율에 감탄했기 때문이야.

그리스 사람들은 이 비율을 아테네에 아름다운 파르테논 신전을 세우는 데 공헌한 조각가 페이디아스의 이름을 따서 **Φ**(파이)라고 불렀어. **황금비**라고도 하는 이 비율은 수많은 건축물과 그림에 적용되었어. 오늘날 사용하는 신용 카드도 황금비를 가진 직사각형으로, 세로와 가로의 비가 1 : 1.618이야.

신용 카드에도 황금비가 적용되었어.

유클리드는 황금비를 가진 사각형들에 재미있는 성질이 있다는 걸 발견했어. 이런 비율을 가진 직사각형의 한쪽을 정사각형 모양으로 잘라 내면 나머지 부분 역시 황금비를 가진 직사각형이 돼. 이런 식으로 계속 잘라 내면 황금비 사각형을 끝없이 만들 수 있어.

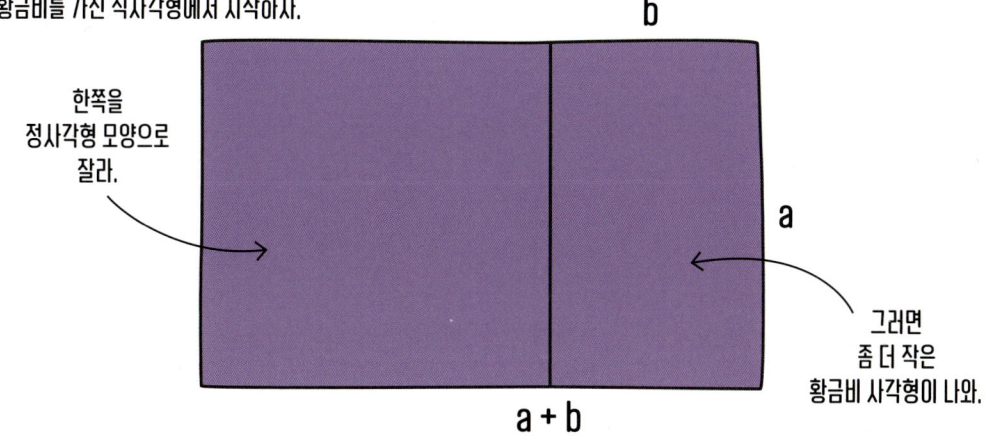

황금비를 가진 직사각형에서 시작하자.

* 파이(원주율)처럼 뒤로 숫자가 끝없이 이어지는 수인데 줄여 쓴 거야.

참이야, 거짓이야?

시간을 거슬러 올라가 볼까? 유클리드 이전, 피타고라스학파 이전, 플라톤 이전 시대로 말이야. 그러면 우리는 **제논**이라는, 또 다른 그리스 사람을 만날 수 있어. 기원전 495년경에 태어난 철학자인 그는 역설이라는 재미있는 주제에 푹 빠져 있었어. 역설이 뭘까? **역설**은 참이라고도 거짓이라고도 말하기 어려운 모순된 표현이나 관계를 말해. 예를 들면 이런 것이지.

다음 문장은 거짓이다. 앞 문장은 참이다.

어떤 문장이 참인지 잘 모르겠지? 첫 번째 문장과 두 번째 문장이 서로 모순돼서 그래. 제논은 생각만 해도 골치가 지끈지끈 아파 오는 수학적 역설들을 많이 생각해 냈어. 그중에는 오늘날 우리가 **무한대**라고 부르는, 한없이 큰 수나 양을 수학적으로 탐구하는 데 도움이 되는 것들도 있었어.

집(점 A)에서 가게(점 B)까지 걸어가야 한다고 생각해 봐. 우선 가게까지 거리의 절반을 가야 할 거야. 그런 다음 나머지 거리의 절반을 가야 해. 여기까지야 뭐 식은 죽 먹기겠지.

하지만 가게까지 가려면 남은 거리의 절반을 또 가야 하고, 다음으로 나머지 거리의 절반을 가야 해. 이렇게 계속한다면 가게까지 가야 할 거리의 절반은 짧지만 항상 남게 마련이야. 이런 식으로 가다가는 가게에는 절대로 도착하지 못할 거야.

이 상황을 수로 나타내면 다음과 같아.

$$\frac{1}{2} + \frac{1}{4} + \frac{1}{8} + \frac{1}{16} + \cdots$$

이런 식으로는 점 A(집)에서 점 B(가게)까지 가는 것은 불가능해. 수학적으로 뭔가 일리가 있어 보이지만 집에서 가게까지 가는 일이 가능하다는 건 우리는 경험을 통해 이미 알고 있어. 심지어 가게에서 과자를 사서 집으로 다시 돌아올 수도 있지. 이런 게 바로 역설이야!

소수를 찾아라!

　기원전 236년으로 쌩하고 날아가 볼까? 그리스의 또 다른 천재 **에라토스테네스**를 만날 차례야. 고대 이집트에 있었던 초대형 도서관인 '알렉산드리아 도서관' 관장이었던 그는 소수를 찾아내는 방법을 알아냈어.

　소수는 1과 자기 자신 말고 다른 수로는 나눌 수 없는 수야. 예를 들어 17은 1과 17 말고는 그 어떤 수로도 나누어떨어지지 않으니까 소수야. 하지만 9는 소수가 아니야. 왜냐하면 9는 1이랑 9랑 3으로 나누어떨어지거든. 그리고 가장 작은 (그리고 유일하게 짝수인) 소수는 2야.

　그렇담, 가장 큰 소수는? 글쎄, 하늘땅만큼 큰 수겠지. 2018년 한 수학자가 자릿수가 24,862,048개인 소수를 찾아냈어. 숫자 하나의 폭이 14mm라고 한다면, 이 소수를 다 적으면 아마 **파리**에서 **런던**까지 닿을 거야.

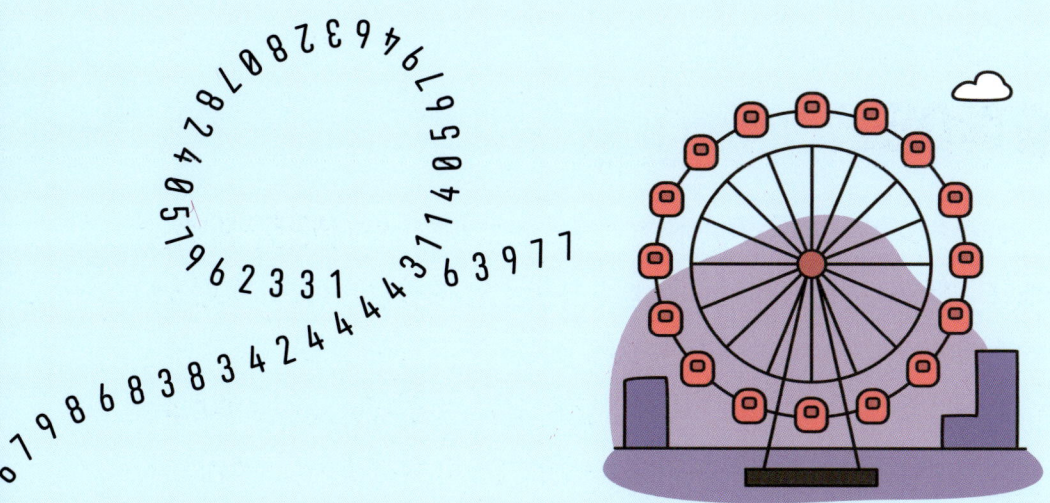

에라토스테네스는 그렇게 멀리까지 가지는 않았지만, 아무튼 **'에라토스테네스의 체'**라는 방법을 고안했어. 이 방법을 쓰면 1에서 100 사이의 소수를 아주 쉽게 찾아낼 수 있지.

> 2, 3, 5, 7과 보라색 칸에 적힌 수들이 소수라네.

- 칸 안에 2~100까지의 숫자를 적어 봐.
- 2로 나누어떨어지는 수들을 없애. 그런 다음 3, 5, 마지막으로 7로 나누어떨어지는 수를 없애는 거야 (2, 3, 5, 7은 제외).
- 남은 수는 스물다섯 개이고, 모두 소수야.

멋지지 않아? 하지만 에라토스테네스가 한 일을 더 알게 되면 깜짝 놀랄걸! 기원전 240년에 그는 정말 엄청난 일에 도전했어.

에라토스테네스가 해낸 일

에라토스테네스는 당시로서는 드물게 정말 많은 곳에 가 본 사람이야. 리비아에서 태어났지만 공부는 그리스에서 했고, 일은 이집트에서 했어. 지구 전체로 보면 많은 곳은 아니지. 하지만 그는 지구 전체를 돌아다니지도 않고, 높은 곳에 날아올라 내려다보지도 않았으면서 지구의 둘레를 알아냈어. 그런데도 99% 정확했지.

어떻게 한 거지?

당연히 수학으로 했지!

에라토스테네스는 **시에네**에 대해 알고 있었어. 오늘날 아스완이라고 불리는 그곳은 알렉산드리아에서 남쪽으로 아주 멀리 떨어져 있는 도시야. 시에네에서는 해마다 하짓날 정오에 수직으로 떠 있는 태양이 그림자를 만들지 않고 우물에 비쳤어.

에라토스테네스는 하짓날 자기가 사는 곳인 알렉산드리아에 있는 높은 탑이 만든 그림자의 길이를 측정했어. **기하학**을 써서 계산해 보니 태양 빛의 각도가 7.2°였지.

좋아, 좋아, 좋아.

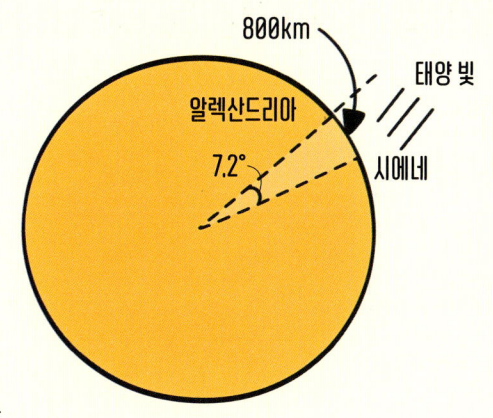

원의 전체 각이 360°니까 7.2°는 전체 원둘레의 $\frac{1}{50}$이야. 따라서 시에네하고 알렉산드리아 사이의 거리(그가 측정한 값은 약 800km였어)에 50을 곱하면 **지구 둘레의 길이**가 나오겠지. 계산해 보니 지구의 원둘레는 약 40,000km가 나왔어. 정말 천재라고 하지 않을 수 없어!

에라토스테네스는 지구의 크기와 모양에 수학을 적용해 지리학에도 많은 기여를 했어. 그는 '**지리학**'이란 말을 처음으로 쓴 사람이기도 해. 그는 지구를 극점 근처의 **극지대**, 그 아래쪽의 **온대**, 그리고 적도 근처의 **열대**로 나누어서 설명하는 선구적인 작업을 하기도 했어.

에라토스테네스는 당대의 유명한 사상가들과 친구였어. 수학자 아르키메데스도 그와 편지를 주고받던 친구 중 하나였다고 해. 있잖아, 목욕 사건으로 유명한 사람….

알몸으로 뛰쳐나온 수학자

"유레카!" 어떤 남자가 알몸으로 거리로 나와 뛰어다니며 소리쳤어. 이상하게 생긴 물체의 부피를 알아내는 방법을 깨닫고 너무너무 기뻤던 거야. 고향이 시라쿠사인 이 그리스인은 물체(자신의 몸)가 물에 잠기면 그 물체의 부피만큼 물이 밖으로 흘러넘친다는 걸 깨닫고 알몸 그대로 욕조 밖으로 뛰쳐나온 거였어.

알몸으로 거리를 뛰어다닌 사람은 그리스의 발명가이자 수학자이며 물리학자인 **아르키메데스**였어.

그는 도시를 방어하는 데 쓸 거대한 크레인과 무기를 만들었어. 지렛대와 도르래의 힘을 이용한 것들이었지. 또 **'아르키메데스 나선 양수기'**라는 것도 만들었어. 물이나 곡식을 낮은 곳에서 높은 곳으로 옮기는 데 쓰는 기계였지.

아르키메데스 나선 양수기의 작동 원리

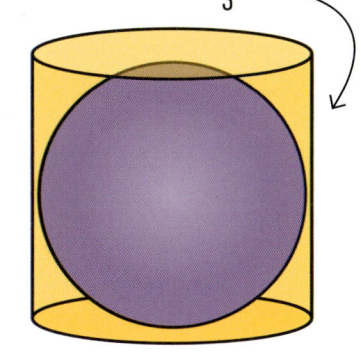

원의 부피는 높이가 같은 원기둥 부피의 $\frac{2}{3}$야.

그는 **파이 값**을 이전의 어느 누구보다 정확하게 알아냈어. 그리고 여러 입체 도형들의 표면적을 계산하는 방법도 알아냈지. 구의 부피는 높이가 같은 원기둥 부피의 3분의 2라는 걸 알아내기도 했어.

또 우주를 가득 채우려면 모래알이 몇 개가 필요한지를 계산하기 위해 무지무지 큰 수를 만들어 내기도 했어. 얼마나 큰 수냐고? 그는 10의 63승(10^{63})까지 계산했어. 10 다음에 0이 예순세 개나 붙는 수야!

10,000,000,000,000,000,000,000,000,000,000,000,000,000,000,000,000,000,000,000,000,000

아르키메데스는 죽는 순간까지 수학에 빠져 있었다고 해. 그러니까 기원전 212년, 로마가 시라쿠사를 공격했을 때야.

병사들은 "그 수학자를 살려 두라."는 명령을 받았어. 그저 '그 수학자'라고만 해도 알 정도로 엄청 유명한 사람이었거든. 그런데 안타깝게도 명령을 잘못 전달받은 병사가 그를 죽였다고 해.

거의 끝나 가오.

틀림없군!

로마인들에게 수학이란?

로마의 공격을 받은 곳은 시라쿠사만이 아니었어. **로마인**들은 역사상 가장 큰 제국을 건설했어. 하지만 수학만큼은 정복하지 못했지.

로마인들이 그리스인들만큼 수학을 발전시키지 못한 이유가 뭘까? 좀 복잡하긴 한데, 세 가지 이유 정도는 생각해 볼 수 있어.

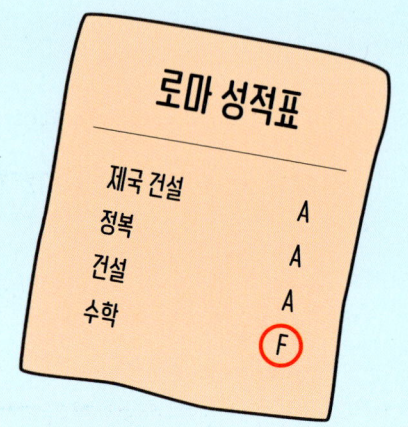

1) 로마인들이 고대 그리스인들에게서 좋은 걸 많이 본받기는 했어. **기하학**도 그 중 하나였는데 로마인들은 그걸 건물이랑 도로를 설계하는 데에만 썼어.

2) 로마인들이 사용하던 수 체계는 정말이지 형편없었어. 0도 없었고 자릿값도 없었거든. 게다가 수를 아래와 같은 글자로 표시했어.

I=1 V=5 X=10 L=50 C=100 D=500 M=1,000

그러니 숫자들이 정말 길었어. 88이라는 수를 쓰는 데 글자가 자그마치 여덟 개나 필요했어. 이렇게 말이야. LXXXVIII. 2,888을 쓰려면 열네 개가 필요했고. 어떻게 쓰냐고? MMDCCCLXXXVIII. 맙소사!

게다가 큰 수 앞에 작은 수가 오면, 큰 수에서 작은 수를 빼야 해. 그러니까 9는 IX로 표기하는데 왜냐하면 10에서 1을 빼면 9가 되거든. 그럼 XL은? 50에서 10을 빼는 거니까 40이지. 후, 머리가 아파 오네.

솔직히 말해서 XL 사이즈가 좀 클 것 같았거든요.

3) 어쩌면 로마인들은 전쟁을 하고 항상 일을 벌이느라 너무 바빠서 철학적인 그리스인들과는 달리 생각할 틈이 없었을지도 몰라. 로마 제국은 나라를 빨리 키우기 위해 전쟁도 많이 해야 했고, 도로도 새로 만들어야 했거든. 그러니 가만히 앉아서 새로운 수학 공식 같은 걸 생각할 시간이 있었겠어?

로마인들이 나라를 키우는 데 몰두하며 수학을 소홀히 하는 동안, 중국인들은 자신들만의 수학을 멋지게 개발해 나가고 있었어.

음수를 사용한 중국

중국인들은 종이, 화약, 우산, 외바퀴 손수레 같은 쓸모 있는 것들을 발명하는 틈틈이 수학을 연구하느라 아주 바빴어.

중국인들은 무역과 사업에 음수를 사용했어. 서양인들이 음수의 존재를 알기 훨씬 전 일이었지. 그들은 **음수**와 **양수**를 색으로 나타냈어. 음수는 검정색으로 양수는 빨간색으로 말이야. 장사할 때 물건을 사거나 판 다음에 빨간 숫자가 남으면 가게에 돈이 남아 있다는 걸 뜻했어. 그래! 돈을 번 거란 말이지.

재미있는 건 오늘날에는 정반대라는 거야. 기업들은 장부에 '검은색'이 남는 걸 좋아해. 그걸 흑자라고 하는데, 지출보다 수입이 많아서 이익이 생긴 걸 뜻해.

어디까지 이야기했지? 그래, 중국이라는 거대한 제국을 운영하려면, 관리들은 실생활에서 쓸 수 있는 실용적인 수학을 배워야만 했어.

《구장산술》같은 고대 중국의 수학 교과서들은 온통 실용적인 수학과 관련된 내용으로 채워져 있어. 황제에게 바치는 세금을 거둘 때 비율을 활용하는 법, 수확한 농작물 더미의 부피를 계산하는 법, 가게 창고에 곡식을 얼마나 저장할 수 있는지를 계산하는 법 등등.

《산수서》는 2,200년 전에 만들어진 수학책인데 이백 개의 죽간(대나무 조각)에 쓴 거였어. 이 책에는 **분수** 문제도 실려 있어. 예를 들어 염소 16마리를 농부 3명에게 나누어 주려면 농부 한 사람에게 5마리씩 나누어 주면 되는데, 이때 남는 1마리는 농부 셋이 각각 $\frac{1}{3}$씩 가지면 된다는 거야.

마법의 사각형

중국인들은 진지하고 유용한 수학도 연구했지만 **마방진**이라는 재미있는 걸 고안해 내기도 했어. 가로세로 세 칸으로 된 정사각형 안에 숫자를 채워 넣은 것인데, 가로, 세로, 대각선의 수를 더하면 모두 같은 값이 나와. 이 값을 **마방진 상수**(마법 상수)라고 불러.

전해 내려오는 이야기에 따르면 고대 중국 하나라의 우왕이 마방진을 발견했다고 해. 약 4,000년 전 우왕 때 일이야. 황하강의 물줄기인 '낙수'라는 강이 범람하는 걸 막기 위해 공사를 하던 중, 물 위로 거북이 한 마리가 나타났대.

그런데 신기하게 거북의 등에 아홉 개의 숫자가 쓰여 있었대. 우왕은 그 수들의 배열이 우주의 조화를 상징하고 신비한 힘을 가지고 있다고 여겨 마방진이라고 했대.

너희도 마방진을 만들 수 있어. 우선 종이에 3칸 × 3칸 정사각형을 그려. 그런 다음 가로, 세로, 대각선의 수를 더하면 모두 같은 값이 되도록 칸마다 숫자를 써. 쉽지는 않을 거야!

이윽고 마방진은 중국에서 인도로, 또 그 너머로까지 퍼져 나갔어. 수학자들은 4칸 × 4칸, 5칸 × 5칸, 심지어는 그보다 더 큰 마방진을 만들어 자신들의 수학 실력을 뽐냈어. 독일 화가 알브레히트 뒤러는 1514년에 4칸 × 4칸 마방진이 들어간 판화를 만들기도 했어. 이 마방진은 가로, 세로, 대각선뿐만 아니라, 네 귀퉁이, 그리고 한가운데 네 칸의 숫자 합이 모두 34야. 와우!

한편, 중국인들과 인도인들이 마방진을 가지고 노는 동안, 지구 반대편의 마야인들은 점과 막대로 수학을 하고 있었어.

이십진법

마야는 **중앙아메리카**의 대장이었어. 서기 250년에서 900년까지가 절정기였지. 그 시기에 마야인들은 높은 신전도 짓고, 큰 도시도 세우고, 엄청나게 멋진 예술품도 만들고, 천문학이랑 수학도 발전시켰어.

마야인들은 **20진법**을 썼어. 20은 손가락이랑 발가락을 모두 합친 수잖아. 뭐, 손가락이나 발가락이 잘리는 벌을 받지 않았다면 말이야. 아무튼 그 전에 기억해 둘 게 하나 있어. 오늘날 우리는 10진법을 써. 0에서 9까지 열 개의 숫자를 써서 10배마다 한 자리씩 올려 쓰는 표시법이라고, 앞서 여러 번 얘기했지?

마야인들은 열아홉 개의 숫자를 썼는데, **점**이랑 **막대**로 표현했어. 아마도 그 전에는 나뭇가지랑 돌을 썼을 거야.

점 하나는 1을, 막대 하나는 5를 뜻했어. ⊙은 6이야. 5를 뜻하는 막대 위에 1을 뜻하는 점 하나를 그려 넣은 거지. ☰은 13이야. 막대 두 개가 10, 거기에 점 세 개가 3이니까 다 더하면 13이 되는 거야.

마야인들은 더 큰 수도 쓸 수 있었어. 20을 넘으면 자릿값을 더했어. 우리랑 똑같은 방법을 쓴 거지. 하지만 우리랑 다르게 숫자를 왼쪽에서 오른쪽이 아니라 위에서 아래로 썼어. 예를 들면 2,139는 이렇게 썼어.

```
2  ••
1  •
3  •••
9  ••••
```

그러니까 높은 데 있는 수가 낮은 데 있는 수보다 더 큰 수가 되겠지?

20진법에서는 이런 수들이 자릿값이 돼.

160,000
8,000
400
20
1

마야인들은 점 하나랑 막대 하나만으로 200,000을 쓸 수 있었어. 점은 160,000 자리에 막대는 8,000 자리에 쓰면 됐지. 그러면 1 × 160,000 + 5 × 8,000 = 200,000이 되는 거야. 천재 같아!

160,000	●
8,000	▬
400	
20	
1	

그런데 마야 사람들은 이렇게 큰 수들을 어디에 썼을까?

천문학과 수학으로 만든 달력

1주일은 7일이고 1년은 52주지? 일단 숨을 한 번 크게 쉬어 봐. 이제 마야에 대해 알아볼 시간이거든.

마야인들은 **천문학**을 활용해 복잡한 **달력**을 만들고 지구의 1년이 365.242일이라는 것도 알아냈어. 망원경도 없이 거의 정확하게 관측해서 계산한 거야.

마야인들은 달력을 원판 모양의 거대한 돌에 새겼어. 하지만 달력이 하나뿐인 건 좀 이상하다고 생각해서 주기가 다른 달력을 세 가지나 사용했고, 심지어는 금성용 달력까지 만들었어.

가장 주기가 짧은 달력인 **촐킨**은 1년이 260일이었어. **하브**는 1년이 18개월이고 1개월은 20일이었어. 그리고 **우아예브**라고 하는 여분의 5일이 더해졌는데, 이날들은 매우 불길하게 여겨졌어. 이런 날에는 집에서 꼼짝 않고 있는 게 최고였겠지?

촐킨과 하브는 18,980일 그러니까 52년에 한 번씩 날짜가 일치해. 길다, 길어! 하지만 이게 마야에서 가장 긴 주기는 아니야.

마야 달력의 최대 주기는 9,360,000일인데, 이 달력의 주기가 끝나는 2012년 12월에 **세상의 종말**이 찾아온다고 주장하는 사람들도 있었어. 어떤 사람들은 수메르인들이 발견했다는 행성인 니비루가 지구와 충돌해 지구가 멸망할 거라고 믿기도 했어. 하지만 그런 일은 일어나지 않았지.

마야인들은 **점**, **선**, 그리고 **달팽이 껍데기처럼 생긴 기호**를 써서 달력을 기록했어. 그 특별한 기호는 숫자에서 빈 자리를 나타내는 거였어. 그러니까 2012는 이렇게 표기할 수 있지.

— 2000(5×400)

◎ = 아무것도 없음

≝ = 12

마야인들은 달팽이 껍데기 기호가 장차 0과 같은 실제 수가 될 거라고는 생각하지 않았어. 하지만 그들 덕분에 세상의 종말 따위는 없다는 게 증명됐지.

마음을 비우고 0을 생각해 봐!

　마야, 고대 그리스 등 수학을 엄청나게 발전시킨 거대한 문명이 0이라는 수를 만들어 내지 못했다는 건 믿기 힘들 정도로 놀라운 일이야.

　결국 인도의 학자들이 무를 제대로 연구했어. 먹는 무 말고 '없을 무(無)' 말이야. 서기 628년, 그들 중 한 사람인 브라마굽타는 **0**을 같은 수에서 같은 수를 뺀 수라고 정의했어.

　그는 0을 수 그 자체로 다루는 규칙들을 처음으로 고안해 냈어. 예를 들면…

- 어떤 수에 0을 더하거나 빼도 그 수는 변하지 않는다.
- 어떤 수에 0을 곱하면 그 수는 모두 0이 된다.

인도인들이 0이라는 수를 고안해 낸 것은 우연이 아니었어. 기독교가 탄생한 후 서양에서는 종교 지도자들이 신은 존재하는 모든 것 안에 있다고 믿었어. 그래서 아무것도 존재하지 않는 것, 즉 무(無)를 입에 담는 건 악마의 짓이라고 여겼지. 이런 생각이 서양에서 0이라는 수학 개념이 나오는 걸 오랫동안 방해한 거야.

반면에 불교 철학에서는 **'무'** 혹은 마음 비우기가 열반에 도달하는 데 아주 중요한 역할을 해. 열반이 뭐냐고? **열반**은 불교의 궁극적인 실천 목표인데, 마음을 모두 비우고 진리를 깨달은 상태야. 그래서 인도의 수학자들은 무에 대해 이미 많은 연구를 하고 있었어.

0은 양수도 음수도 아니야. 하지만 수학에 많은 영향을 주었어. 0이 있으면 긴 수를 다루는 데 아주 요긴해. 수의 자리를 나타낼 수 있거든. 그리고 현대의 첨단 기술이나 공학의 기초인 미적분(88~89쪽을 봐)과 2진수(98~99쪽을 봐)에서도 절대로 없어서는 안 될 수이기도 해. 아무튼 **컴퓨터**와 **인터넷**, 그리고 **스마트폰**도 모두 0의 철학적 개념이 없었다면 만들어지지 못했을걸!

'무'라는 개념은 불교 철학에도, 오늘날의 첨단 기술에도 결코 없어서는 안 될 개념이야.

인도 숫자, 세계로 퍼져 나가다

인도에서 태어난 숫자가 0만 있는 건 아니야. 우리가 지금 사용하는 숫자는 모두 인도에서 태어났다고 할 수 있어. 2,000년 전에 처음 사용되기 시작한 브라흐미 문자의 숫자에서 나온 것들이 **인도-아라비아 수* 체계**에 녹아들었거든. 물론 0을 나타내는 기호는 1에서 9를 나타내는 기호들보다 나중에 생겼지.

브라흐미* 숫자 ↓		−	=	≡	+	ᕁ	Ϭ	7	ㄅ	7
데바나가리* 숫자 ↓	०	१	२	३	४	५	६	७	८	९

인도에서는 서기 400~1000년에 뛰어난 수학자들이 많이 나왔는데, 그건 이런 수 체계 덕분이었어. 서기 476년에 태어난 **아리아바타** 역시 그런 슈퍼스타 중 한 사람이었어. 우주에 대해 관심이 아주 많았던 그는 수학을 이용해 밤하늘과 지구를 연구했어. 그는 기하학을 활용해 지구의 둘레를 계산했어. 오차가 0.2%밖에 나지 않았지. 그는 지구의 낮 길이도 계산했는데, 0.09초밖에 차이가 나지 않았어.

* 인도-아라비아 숫자는 흔히 아라비아 숫자라고 불러. 지금 우리가 쓰고 있는 숫자지.

아리아바타는 하나 이상의 미지수(값을 알지 못해서 구하려는 수로, x, y 등으로 표기)가 포함된 식, 즉 **방정식**을 푸는 방법을 알아냈어. 그리고 수를 잘게 나누는 방법을 사용했어. 이 방법은 분쇄기라는 뜻을 가진 쿠타카라고 불렸지. 아무튼 그는 이 방법으로 어려운 방정식을 잘게 나누어서 풀었다고 해.

100~200년 후에 아리아바타, 브라마굽타 등 인도 수학 천재들의 작품이 이슬람 제국을 넘어 아프리카와 유럽으로 전해졌어. 물론 그들이 사용한 숫자도 함께 말이야.

인도의 숫자는 이슬람 제국을 넘어 세계로 퍼져 나갔어.

인도 수학이 퍼져 나가자 이슬람 수학의 눈부신 발전을 비롯하여 **철학**, **예술**, **과학**의 황금시대가 열렸어. 하지만 우린 여기서 잠시 인도의 수학에서 출발한 혁신에 대해 알아볼 거야. 바로 무리수에 대해서….

* 브라흐미 문자는 고대 인도에서 산스크리트어를 표기하는 데 쓰인 문자야.
* 데바나가리 문자는 브라흐미 문자에서 유래했는데, 현대 인도 언어 중에 힌디어, 네팔어 등을 표기할 때 사용돼.

분수로 나타낼 수 없는 수

서기 500년경, **아리아바타**는 파이 값을 아주아주 정확하게 알아냈어. 하지만 펄쩍 뛸 정도로 기뻐할 일은 아니었어. 음… 파이 값을 완전히 정확하게 알아내는 건 불가능하다는 걸 알게 되었거든. 왜냐고? 파이 값은 끝이 없기 때문이야. 세상에는 이치에 맞지 않는 수, 즉 **무리수**가 있다는 걸 수학자가 직접 고백한 건 이때가 처음이었어.

그래, 수학도 가끔 완벽하지 않을 수 있지!

도대체 무리수가 뭐냐고? 무리수가 뭔지 알려면 **유리수**가 뭔지를 먼저 알아야 해. 유리수는 **분수**로 나타낼 수 있는 수야. 예를 들면 9는 분수 $\frac{18}{2}$로 나타낼 수 있지.

그런데 유리수에는 **정수**만 있는 건 아니야. 정수가 아닌 수도 유리수가 될 수 있어. 분수로 나타낼 수만 있다면 말이야. 예를 들어 2.25도 유리수야. $\frac{9}{4}$처럼 분수로 나타낼 수 있거든.

하지만 무리수는 분수로 나타낼 수 없어. 같은 패턴이 반복되는 일 없이 소수점 이하로 숫자가 한없이 계속되기 때문이야.

고대 그리스인들은 무리수가 있다는 걸 믿으려고 하지 않았어. 피타고라스학파의 한 사람이었던 **히파수스**는 **2의 제곱근**을 알아내려고 하다가 우연히 무리수를 발견했어. 그런데 좋은 일만은 아니었나 봐. 누가 밀어서 물에 빠져 죽었다는 말이 있거든. 정확한 사실은 아무도 모른대.

하지만 이건 알아. 피타고라스의 학교가 아닌 다른 학교에서 엄청난 발전을 이뤘다는 걸. 이번에는 저 멀리 있는 바그다드에서였어.

지혜의 전당

오늘날 이라크에 있는 바그다드는 8세기에 눈부시게 발전하고 있던 새 도시였어. 그곳에는 다르 알 히크마란 이름을 가진 커다란 도서관 겸 학교가 있었어. **다르 알 히크마**는 '지혜의 전당(집)'이란 뜻을 가진 말이야. 희귀한 책과 두루마리가 많아 곳곳에서 뛰어난 학자들이 그곳에 모여들었어.

지혜의 전당에는 **바누 무사 형제**가 있었어. 이름이 각각 아흐마드, 알 하산, 무함마드인 삼 형제는 **기하학**에 관한 중요한 책을 썼어. 땅과 운하를 측정하고, 백 가지가 넘는 **기계**를 발명하기도 했지. 그들은 그 내용을 《기발한 장치들에 관한 책》에 실었어. 바누 무사 형제가 발명한 것들 중에는 오늘날의 수도꼭지 기능을 하는 원뿔형 밸브도 있었고, 증기의 힘으로 피리를 연주하는 기계도 있었어. 로봇처럼 생긴 이 장치는 프로그램으로 움직이는 세계 최초의 기계였다고 해.

지혜의 전당에서 활동한 또 다른 유명인은 천문학자이자 수학자인 **무함마드 이븐 무사 알 콰리즈미**였어. 그는 서기 820년경 지혜의 전당 관장으로 일하면서 중요한 업적을 남겼어.

첫째, 그는 인도인들이 사용하던 0~9 수 체계를 무슬림 세계에 들여오자고 주장했어. 이 수 체계가 나중에 **인도-아라비아 숫자**(아라비아 숫자)로 불리게 된 건 바로 그 덕분이야.

둘째, 그는 큰 수들의 곱셈이나 나눗셈 같은 문제를 아주 빠르게 풀 때 적용하는 방식을 고안해 냈어. 이 방식은 그의 이름 알 콰리즈미를 따서 **알고리즘**이라고 불리는데, 오늘날 컴퓨터 프로그램에도 적용되는 방식이야.

셋째, 그는 방정식과 대수학에 관한 놀라운 책을 썼어. **대수학**을 뜻하는 영어 단어 **앨지브러**(algebra)가 이 책의 아랍어 제목에 들어 있는 '알자브르'에서 왔을 정도로 정말 정말 중요한 책이었지.*

* 아랍어 제목을 알려 줄까? 자, 먼저 심호흡 한 번 하고! 《알키탑 알묵타사르 피 히삽 알자브르 왈무카발라》, 우리말로 하면 《완성과 균형에 의한 계산 개론》이지.

미지수를 찾아라!

대수학이라니, 말만 들어도 어려울 것 같지? 이해해. 하지만 **대수학**은 어떤 식에서 **미지수**들을 알아내는 데 쓰이는 규칙이나 방법의 하나일 뿐이야. 앞에서 만난 **무함마드 이븐무사 알 콰리즈미**는 이 미지수를, '어떤 것'을 뜻하는 아랍어인 셰이라고 불렀어. 시간이 흐른 후 셰이는 x나 y 같은 문자로 대체되었지.

좀 으스스한 예를 들어 볼까? 마법사 셋에 좀비 넷이 있다고 가정해 보자. 그러면 $3 + 4 = 7$이라는 식이 성립하겠지. 하지만 여기서 마법사의 수를 모른다면? 방정식에 모르는 값, 즉 미지수를 넣으면 되지. 이럴 때 대수학이 도움이 되는 거야.

$x + 4 = 7$ 　사실 알 콰리즈미는 등호, 즉 '='을 쓰지 않았어. 이 기호는 700년 후에 영국의 수학자 로버트 레코드가 만들어 냈거든.

이제 마법사니 좀비니 하는 녀석들은 좀 제쳐 두고, 방정식이 뭔지 알아보기로 하자. 양팔 저울을 떠올려 봐. **방정식**의 **등호**, 즉 '='은 양팔 저울의 중심점이야.

방정식이 맞으려면, 저울이 **균형**을 이뤄야 해. 저울 양쪽의 무게가 같아야 하는 거지. 대수학을 써서 미지수를 알아내는 방법은 저울의 균형을 맞추는 과정이야.

앞서 들었던 예에서 우리는 마법사가 몇 명인지 모르지만, 방정식의 양쪽이 같다는 것만 알면 마법사가 몇 명인지 알아낼 수 있어. 먼저 마술을 써서 왼쪽의 +4 그러니까 좀비 넷을 사라지게 하는 거야.

우리는 마법사가 몇 명인지 몰라. 그래서 먼저 좀비를 사라지게 할 거야.

하지만 균형을 맞추려면, 같은 일을 오른쪽에도 해야 해. 오른쪽에서 4를 없애면 남은 건 3이야. 따라서 우리는 $x = 3$이라는 걸 알 수 있어.

이제 오른쪽의 뱀파이어 수랑 왼쪽의 마법사 수가 같아졌어.
양쪽의 수는 모두 3이야.

대수학 덕분에 마법사가 몇 명인지는 알아냈어. 하지만 대수학을 써도 마법사의 이름까지는 알 수 없어. 정 알고 싶다면 직접 물어보는 수밖에…. 좀 썰렁한가?

암호를 해독하라

아랍 수학자들이 다룬 대수학은 그게 다가 아니었어. 서기 850년경 지혜의 전당 수학자들 중 한 사람인 **알 킨디**가 스파이들이 사용하는 **암호문**을 해독하는 수학적 방법을 개발했어.

빈도 분석이라고 불리는 방법인데, 이건 일반적인 문장에 나타나는 문자들의 빈도를 분석하는 거야. 예를 들면 영어의 경우 알파벳 'e'가 쓰이는 횟수는 전체의 12.7%에 달하지만, 'z'는 고작 0.07%의 빈도로 나타나.

알 킨디는 문자들을 바꿔 가면서 암호문을 해독하는 방식을 개발했어. 덕분에 스파이들은 문자들을 제자리에 정확히 배열해 **비밀 메시지**를 빠르게 읽을 수 있게 되었지.

무슬림 수학자 중에는 암호 해독보다 **대칭**에 푹 빠진 이들도 있었어. 기하학에서는 어떤 한 도형을 일정한 방식으로 움직였을 때 다른 도형과 정확히 일치하면 "두 도형은 대칭이다."라고 해. 그리고 어떤 직선을 중심으로 접었을 때 양쪽이 완전히 겹쳐지는 2차원 도형을 **선대칭 도형**이라고 하고, 그 직선을 **대칭축**이라고 해.

도형 중에는 대칭축이 하나인 것도 있고 그보다 많은 것도 있어. 물론 하나도 없는 도형도 있지. 그렇다면, 원에는 대칭축이 몇 개 있을까? 답은… 무한개!

무슬림 예술가들은 궁전이나 신전의 벽 혹은 바닥을 타일로 장식할 때 쪽매 맞춤(테셀레이션)이란 기법을 썼어. 빈틈이 없도록 타일로 벽이나 바닥을 모두 채우는 거야. 같은 패턴이 반복되고 대칭을 이루지.

이렇게 하면 수백만 가지의 디자인이 나올 수 있어. 하지만 수학자와 예술가들은 **대칭**을 이루는 기본 패턴은 고작 열일곱 가지뿐이라는 걸 알아냈어. 14세기에 지어진 에스파냐의 **알람브라 궁전** 장식에는 이 열일곱 가지 기본 패턴이 모두 쓰였어. 정말 멋진 궁전이지. 유럽에 도입된 무슬림 수학이 빚어낸 걸작 중의 하나야.

아랍 수학, 유럽으로 가다

700~1100년 인도, 중국, 아랍의 수학자들이 수학을 혁신적으로 발전시키느라 바쁜 와중에 유럽 수학자들은 옛날 사고방식과 **로마 숫자**에 갇혀 있었어. 쓸데없는 싸움을 하면서 말이야.

아시아의 위대한 수학자들이 쓴 걸작들이 서쪽으로 전해져 유럽으로 들어오기 시작했어. 주로 선원들이나 상인들이 가지고 온 그 책들은 이슬람 필경사들에 의해 번역되었어. 번역이 가장 활발하게 이루어진 곳은 **에스파냐**의 톨레도였어. 필경사들은 두 사람이 짝을 이뤄 작업했는데, 한 사람이 아랍의 수학책을 번역해 큰 소리로 말하면, 다른 한 사람이 그걸 받아 적었지.

번역된 책들에는 **0~9**를 나타내는 **아라비아 숫자**들도 있었는데, 그 과정에서 숫자들이 오늘날 우리에게도 익숙한 형태를 갖추기 시작했어.

그러나 유럽의 일부 지역에서는 새로운 숫자와 수학이 쓰이지 않았어.

예를 들면 이탈리아의 도시 피렌체는 1299년에 0과 아라비아 숫자 쓰는 걸 금지했어. 다른 곳에서는 대수학을 두려워하고 0을 사용하는 걸 **흑마술**로 여기기도 했지.

당시에는 읽고 쓸 줄 아는 사람이 거의 없었는데, 그들조차도 **0**과 **자릿값**이 무얼 뜻하는지 이해하느라 골머리를 앓았어. 200년이 지나고도 유럽인들은 대부분 로마 숫자를 사용했어. 유럽에서 새로운 숫자가 널리 쓰이기 시작한 건 인쇄기가 발명되고 난 후야.

유럽의 수학자들은 아라비아 숫자를 쓰면 **계산을 더 빨리** 할 수 있다는 걸 눈치챘어. 그들 중에 가장 유명한 사람은 피사 출신인 레오나르도 피보나치라는 수학자였어. 그는 피사의 레오나르도라고도 불려.

아랍 수학에 반한 피보나치

어릴 적에 아버지를 따라 중동 지방을 여행한 **피보나치**는 아랍인들이 수를 아주 **빠르게 계산**하는 걸 보고 몹시 놀랐어. 그들은 **0~9**의 숫자를 쓰고 **대수학**에 능통했지. 그는 고향으로 돌아와 자기가 본 것을 사람들에게 열심히 알려 줬어.

1202년 피보나치는 《계산책》*이라는 책을 썼어. 대수학과 인도-아라비아 수 체계를 다룬 책이었지. 많은 사람이 이 책을 읽으면서 로마 숫자를 버리고 새로운 숫자를 쓰기 시작했어. 특히 **상인**이나 **무역상**들은 계산을 빨리 할수록 더 많은 돈을 벌 수 있으니 아주 좋아했지.

이 책에는 수많은 사람의 마음을 사로잡은 무한수열에 관한 설명도 실려 있었어. 이 수열은 나중에 **피보나치수열**이라고 불리지. 이 수열은 각각의 항이 모두 바로 앞 두 항의 합인 수열이야.

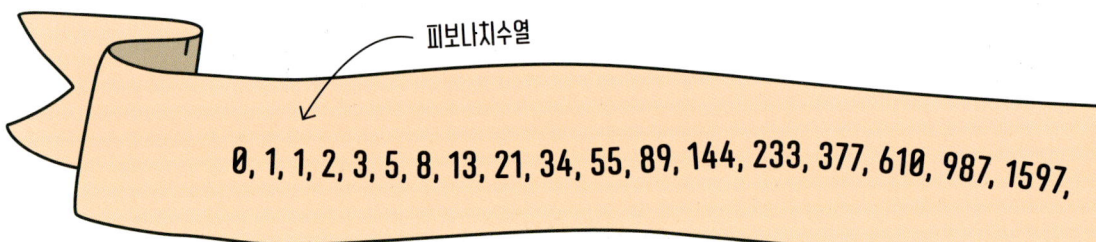

피보나치수열

0, 1, 1, 2, 3, 5, 8, 13, 21, 34, 55, 89, 144, 233, 377, 610, 987, 1597,

* 원서의 제목은 《Liber Abaci》로 주판서, 산반서 등으로 번역하기도 해.

피보나치수열은 자연에서 흔히 볼 수 있어. 솔방울, 파인애플 껍질, 꽃봉오리 등에 있는 나선형 무늬에서 말이야. 그리고 데이지 같은 꽃들의 꽃잎 수도 피보나치수열이야. 하지만 피보나치가 이 수열을 설명하기 위해 예를 든 건 토끼였어.

그는 빠르게 번식하는 **토끼의 수**에 관해 4단계로 수수께끼를 냈어.

1. 1월 1일에 태어난 한 쌍의 아기 토끼가 있다.
2. 토끼들은 1개월이 지나면 어른 토끼가 된다.
3. 어른 토끼 한 쌍은 달마다 2마리의 새끼를 낳는다.
4. 그렇다면 12월 말에 토끼는 모두 몇 쌍이 될까?

1년은 12개월이고, 우리가 할 일은 수열에서 1에서 시작해 열두 번째인 수를 찾는 거야. 답은 144쌍이지. 만약 토끼가 처음에 여덟 쌍이었다면, 8에서 시작해 열두 번째인 수를 찾으면 돼. 답은 1,597쌍 그러니까 3,194마리가 되지. 정말 엄청나지? 얘들을 다 먹여 살리려면 상추가 얼마나 필요할까?

아, 토끼 천지군!

2584, 4181, 6765, 10946, 17711, 28657, 46368, 75025, 121393, 196418, 317811……

1원이 날마다 2배씩 늘어나면…

피보나치수열을 쓰면 엄청 큰 수를 빠르게 얻을 수 있어. 그리고 **수열**은 어려운 문제를 푸는 데도 도움이 많이 돼. 예를 들어 "한 달 동안 날마다 1원을 두 배씩 늘어나게 해 줄까, 지금 1억 원을 줄까?"라는 제안을 받는다면 너희는 어떤 쪽을 택하겠니?

대부분은 지금 **1억 원**을 받겠다고 할 거야. 그쪽이 훨씬 유리하다고 생각해서겠지. 하지만 한 달 뒤에 무슨 일이 일어나는지 알게 되면 깜짝 놀랄 거야. 1원이 날마다 두 배씩 늘어나면 한 달 뒤에는 **536,870,912원**이 되거든.

이건 1원이 **거듭제곱**으로 늘어나기 때문이야. 거듭제곱은 주어진 수를 주어진 횟수만큼 여러 번 곱하는 걸 말해. 이때 주어진 수를 **밑**이라고 하고 주어진 횟수를 **지수**라고 해. 우리는 이 책에서 이미 지수를 만난 적이 있어. 34쪽에 나왔던 **제곱수**(정사각수) 기억나니? 4^2이 4×4를 뜻하잖아. 여기서 4를 밑, 작은 숫자 ^{2}를 지수라고 해. 4의 5제곱도 지수를 써서 표현할 수 있어.

$$4×4×4×4×4=4^5$$

여기서 5가 지수야. 그런데 4^5이 얼마인지 계산할 수 있니?*

아르키메데스는 지수에 손을 대기는 했지만 진지하게 연구하지는 않았다고 해. 그 뒤로 알 콰리즈미가 10^3 같은 세제곱에 대해 연구했어. 그러다 16세기에 들어서면서 지수를 점점 더 많이 사용하기 시작했어.

* 답은 1,024야.

네이피어의 뼈

1400년대와 1500년대 **유럽**은 사상과 과학의 **부흥기**였어. 무역이 성행했고, 천문학, 항해술 등의 과학 분야도 발전했어. 이에 따라 수학도 더욱 필요해졌는데 그들에게는 계산기가 없었어. 유럽 사람들은 **빠르게 계산할 방법**을 간절히 원했어.

다행히, 영국의 수학자 **존 네이피어**가 해답을 찾아냈어. 그는 좀 기이한 사람이었어. 늘 검은 옷을 입었고, 수탉을 반려동물로 길렀거든. 게다가 흑거미를 작은 상자에 담아 항상 곁에 두었다고 해.

네이피어는 로그를 발명했어. **로그**는 지수를 거꾸로 적용하는 거야. $4^5 = 1,024$에서 작은 숫자 5가 지수라는 건 이제 알지?

로그에는 지수와 똑같은 정보가 담겨 있어. 하지만 생각하는 방식은 달라. 아까 식을 로그를 써서 다시 쓰면 다음과 같아.

$\log_4(1{,}024) = 5$

너희는 이렇게 생각할지도 모르겠다.
'그래서 어쩌라고? 그게 천문학, 항해술과 무슨 관계가 있다는 거지?'

존 네이피어는 친구 헨리 브리그스와 함께 엄청나게 자세한 **로그표**를 만들었어. 당시 새롭게 발전 중인 과학을 연구하려면 어~엄청 큰 수들을 곱하는 일을 어~엄청 많이 해야 했거든. 그런데 로그표를 찾아 숫자들을 더하면 그런 곱셈을 아주 쉽게 할 수 있었어. 어려운 곱셈(×)이나 나눗셈(÷) 계산을 쉽고 빠른 더하기(+)나 빼기(-)로 바꿔 계산할 수 있게 된 거지.

그러고 나서 1617년에는 숫자가 써진 막대들을 만들었어. 그 막대들에는 **네이피어의 뼈**(막대)라는 별명이 붙었지. 사람들은 이 막대들을 배열해 곱셈을 할 수 있었어. 프랑스의 또 다른 천재 수학자가 발명한 거랑 좀 비슷한 계산기였지.

17세기의 숫자 놀이

1623년 프랑스에서 태어난 **블레즈 파스칼**은 정말 짜증 날 만큼 똑똑한 천재 아이였어. 알지? 그런 아이가 왜 짜증 나는지. 그런 아이 옆에 있다가는 웬만한 아이들은 다 바보 취급받잖아. 뭐? 나만 그렇게 생각하는 거라고?

파스칼은 10대 때 **세계 최초의 기계식 계산기**를 만들었어. 그리고 유클리드의 《원론》을 처음부터 끝까지 다 읽고 이해했다고 해. 게다가 자신의 이름이 붙은 기하학 정리까지 만들었어.

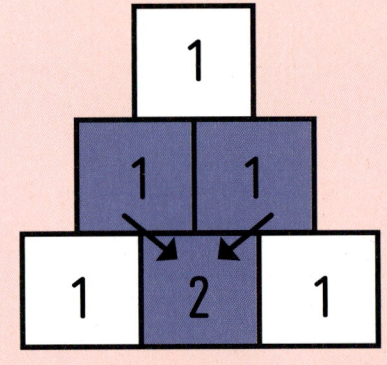

이 천재 수학자는 **파스칼의 삼각형**이라는 아주 유명한 숫자 패턴도 고안했어. 줄마다 양쪽 끝 칸에 1을 쓰고, 나머지 칸에는 바로 위에 있는 두 수를 합친 값을 적어 가면 돼.

별것 아닌 걸로 보일 수도 있겠지만 이 삼각형은 무궁무진한 보물 창고야!

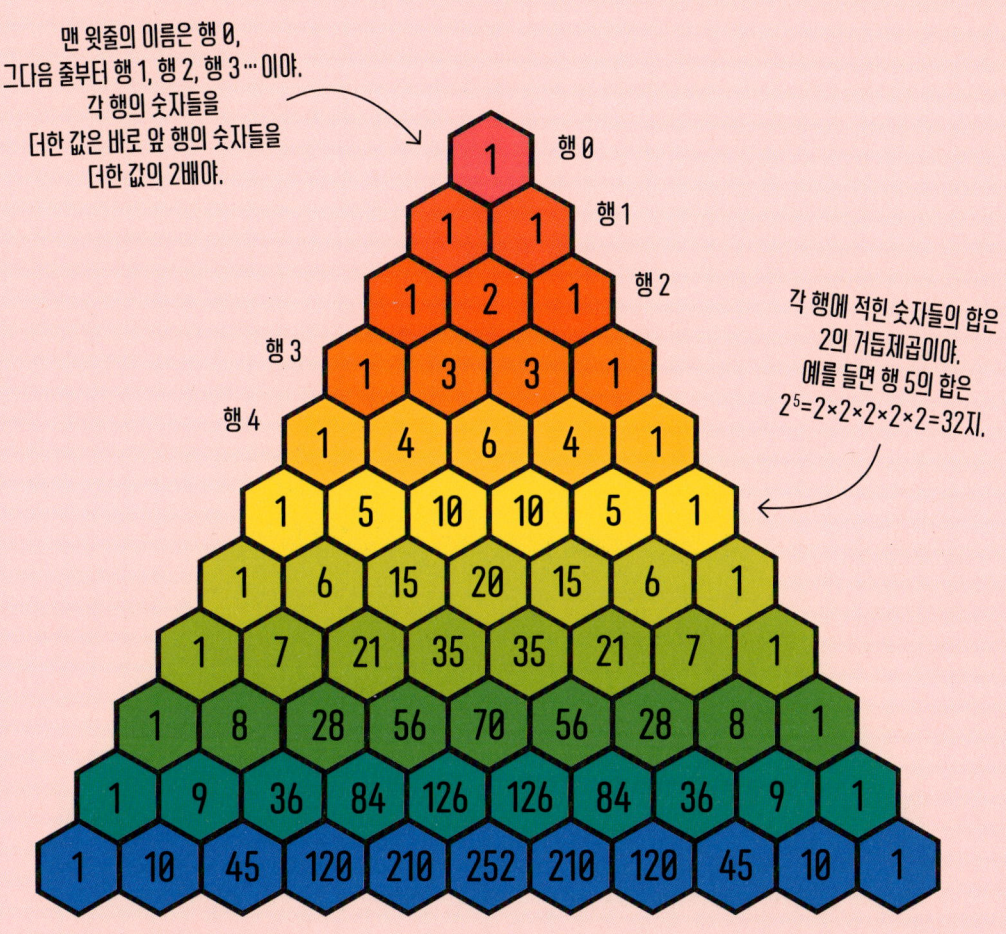

맨 윗줄의 이름은 행 0, 그다음 줄부터 행 1, 행 2, 행 3…이야. 각 행의 숫자들을 더한 값은 바로 앞 행의 숫자들을 더한 값의 2배야.

각 행에 적힌 숫자들의 합은 2의 거듭제곱이야. 예를 들면 행 5의 합은 $2^5 = 2 \times 2 \times 2 \times 2 \times 2 = 32$지.

각 행의 왼쪽과 오른쪽에서 두 번째 칸에는 자연수가 순서대로 들어 있어.

이건 단지 시작에 불과해. 이 삼각형 안에 있는 수들은 **대수학**이나 **확률** 등 수학 영역의 문제를 깔끔하게 해결해 줘. 확률이 뭐냐고? 그건 다음 쪽에서 이야기해 보자.

어떤 일이 일어날 가능성

17~18세기에 파스칼을 비롯해 많은 사람들이 확률을 연구했어. **확률**은 어떤 일, 그러니까 어떤 사건이 일어날 가능성을 말해. 내일 비가 올 가능성, 혹은 네가 인기 가수의 노래를 피리로 연주했을 때 친구들이 모두 열광할 가능성 같은 것도 확률로 나타낼 수 있어.

확률은 **1**에서 **0**까지의 숫자로 나타낼 수 있어. 1은 어떤 일이 반드시 일어날 거라는 걸 뜻해. 반면에 0은 일어날 가능성이 전혀 없다는 걸 뜻해. 확률은 **백분율**, **분수** 같은 숫자나 '**x번에 한 번**' 같은 말로도 표현할 수 있어.

$$\text{확률} = \frac{\text{어떤 사건이 일어날 수 있는 경우의 수}}{\text{가능한 모든 결과의 수}}$$

어떤 사건들은 한 가지 이상의 방식으로 일어날 수 있어. 예를 들면 주사위 두 개를 굴려 합이 9가 나오는 경우를 생각해 봐. 5와 4가 나와도 되고, 6과 3이 나와도 되잖아.

확률을 계산하려면, 먼저 모든 경우의 수를 알아야 해. 주사위가 하나라면… 음 그건 누워서 떡 먹기야. 여섯 가지 결과가 나오지. 그리고 각 결과가 나올 가능성은 모두 같아. 왜냐하면 주사위를 굴리는 사건은 모두 **독립적**이거든. 주사위를 굴렸을 때 나오는 숫자는 항상 1에서 6 사이의 수야.

그런데 **독립적이지 않은** 사건들도 있어. 카드 뭉치에서 카드를 1장 뽑는 경우야. 카드를 뽑을 때마다 이후의 확률이 변해. 예를 들면 전체 카드 52장에서 카드 1장을 뽑을 때 그것이 다이아몬드 카드일 확률은 $\frac{13}{52}$ = 0.25, 즉 $\frac{1}{4}$ 이야.

하지만 그 카드가 다이아몬드 카드일 경우, 그 다음번 카드가 다이아몬드가 될 확률은 $\frac{12}{51}$ 가 돼.

그리고 처음 뽑은 카드 3장이 모두 다이아몬드 카드일 확률은, 각각의 카드가 뽑힐 확률을 곱한 값이야. 그러니까 $\frac{13}{52} \times \frac{12}{51} \times \frac{11}{50}$ = 0.01294, 즉 1.294%가 되는 거지.

우리는 확률을 이용한 **예측**을 하루에도 수없이 만나. 기상 예보도 주식 시장의 거래도 확률을 바탕으로 예측해. 그런데 이런 예측은 **통계학**이라는 수학의 또 다른 분야를 활용해서도 할 수 있어.

정보를 어떻게 읽어 낼 것인가

통계는 정보를 어떻게 모으고 그걸 어떻게 읽어 낼 수 있는지에 대해 다뤄. 오늘날 우리는 통계의 홍수 속에 살고 있어. 스포츠 통계, 경제 통계, 인구 통계 등등….

불과 몇 백 년 전만 해도 통계라고 할 만한 것이 거의 없었어. **인구 조사** 정도가 있었을까? 그리고 작물 생산량, 건물 수 같은 걸 조사하기도 했지.

초창기에 나온 통계 가운데 하나는 좀 으스스했어. 17세기 영국 런던의 한 가게 주인이던 존 그랜트란 사람이 출생자 수와 사망자 수를 분석한 다음 통계를 적용해 사람들이 얼마나 오래 살지를 예측했어. 결과가 어떻게 나왔냐고? 흠… 그는 새로 태어나는 아이 100명 중에 36명이 일곱 번째 생일을 맞이하지 못하고 죽을 거라고 예측했어.

18~19세기에 들어서면서 많은 사람이 통계에 관심을 갖기 시작했어. 기업가들, 과학자들과 정부는 더 많은 **자료**를 모았어. 통계를 활용하여 **요약**하고 **해석**해서 **예측**하기 위해서였지.

모은 자료를 분석해서 패턴을 찾으면 더 많은 정보를 얻을 수 있어. 그리고 자료의 평균을 계산하면 자료의 특성을 알 수 있지. **평균**은 여러 수의 합을 수의 개수로 나눈 값이야.

사람들은 하루에 방귀를 평균 열 번 뀌어.

평균의 종류 중에 **최빈값**이라는 게 있어. 그건 자료의 주어진 값들 중에 가장 많이 나타나는 값이야. 예를 들면 전체 15명 중에 키가 165cm인 사람이 10명이라면, 165가 최빈값이 되는 거야.

원그래프, 막대그래프, 꺾은선그래프 등을 쓰면 **통계**를 좀 더 한눈에 알아볼 수 있어. **가우스** 같은 수학자들은 통계를 다른 방법으로 분석하면 더 많은 정보를 얻을 수 있다는 사실을 알아냈어.

똑똑한 가우스가 알아낸 것

독일의 수학자 **카를 프리드리히 가우스**는 수학을 어찌나 잘했던지, 다섯 살 때 아버지가 설명해 주는 걸 고쳐 줄 정도였어.

가우스는 자료의 **분포**에 관심이 많았어. 이걸 알면 통계적 표본에서 값들이 어떻게 형성되어 있는지를 알 수 있어. 그러니까 반 친구들 각각의 키가 어떻게 퍼져 있는지 같은 것들을 알 수 있다는 말이지.

그는 자료가 대체로 **정규 분포**(가우스 분포)를 이루고 있다는 걸 발견했어. 이 말은 자료의 모든 값을 그래프로 표시했을 때 좌우가 대칭인 종 모양이 된다는 뜻이야. 이런 모양을 **가우스 곡선**이라고도 하고 **종형 곡선**이라고도 해.

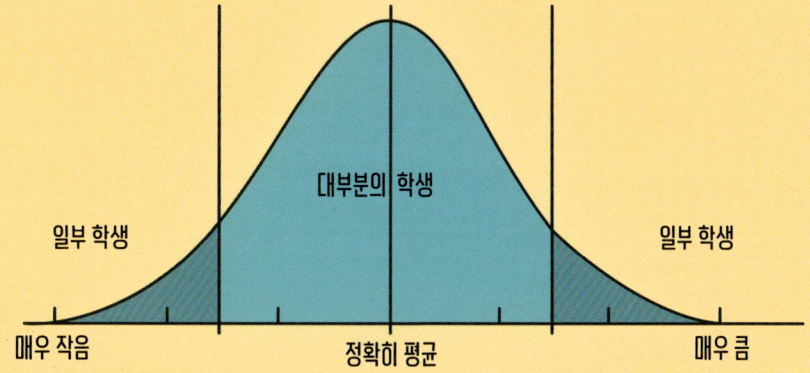

정규 분포에서는 많은 값들이 그래프의 가운데에 모여 있어. 그래프의 정가운데 있는 값을 **산술 평균**이라고 해. 그래프를 보면 알 수 있는 것처럼 평균에서 멀어질수록 분포가 줄어들어.

가우스는 어떤 값에서 평균까지의 거리를 평균 오차라고 불렀어. 이 용어는 나중에 표준 편차라는 말로 바뀌어. **표준 편차**가 작을수록 자료는 평균 근처에 몰려 있고, 클수록 흩어져 있어.

똑똑한 가우스는 10대 시절에 눈금 없는 자와 컴퍼스만으로 정십칠각형을 그리는 방법도 알아냈어. 이건 유클리드나 뉴턴 같은 수학의 대가들도 불가능하다고 생각했던 거야. 물론 뉴턴은 다른 수학자랑 다투느라 이 문제를 제대로 연구하지 못했을지도 모르지만…. 아무튼 가우스란 사람 대단하지 않아?

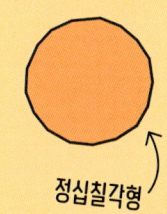

정십칠각형

뉴턴과 라이프니츠의 전쟁

약 320년 전, 전설적인 수학자 두 사람이 **미적분학**이라는 수학의 한 분야를 두고 사이가 무척 안 좋아졌어.

'중력 맨' 뉴턴

홍 코너에는 중력을 이야기할 때 빼놓을 수 없는 영국의 대과학자 **아이작 뉴턴**이 서 있었어. 그는 물질의 운동을 과학과 수학으로 설명하는 데 성공한 사람이야. 그리고 청 코너에는 독일의 뛰어난 철학자이자 수학자이며 자연과학자인 **고트프리트 라이프니츠**가 서 있었어. 그는 계산 기계를 발명하고, 2진수(98~99쪽을 봐)를 개척하기도 했어.

'필살 논리학' 라이프니츠

뉴턴은 1660년대에 미적분학을 개발했고, 라이프니츠는 뉴턴보다 몇 년 늦게 개발했는데 발표를 먼저 했어. 뉴턴은 라이프니츠가 자신의 아이디어를 훔쳤다고 비난했어. 그러자 라이프니츠도 반격을 시작했지. 자기가 개발한 미적분 방식이 뉴턴의 것보다 훨씬 뛰어나다고 말이야. 그리고 다른 과학자들도 이 거물들의 싸움에 끼어들었어. 서로 패거리를 이뤄 상대편을 비난했지.

싸움은 그 뒤로도 몇 년 동안 계속되었어. 하지만 결국은 라이프니츠가 졌고, 뉴턴이 미적분을 처음 고안해 낸 사람으로 인정받았어. 하지만 오늘날에는 둘 다 공동 고안자로 인정받고 있어. 게다가 이제는 그리스의 **아르키메데스**나 인도의 **바스카라 2세** 같은, 그들보다 앞선 시대의 위대한 수학자들에게 그 공을 돌리기도 해. 그 사람들도 뉴턴이나 라이프니츠와 비슷한 생각을 했었거든.

그런데 싸움을 할 정도로 미적분이 대단한 걸까?

미적분은 시공간에서 일어나는 **변화**를 다루는 수학 분야야. 미적분을 활용하면, 양의 변화를 비교할 수도 있고, 가속도를 구할 수도 있고, 가격이나 비용의 변화를 계산할 수도 있고, 소리나 빛이 어떻게 파동을 이루며 움직이는지도 측정할 수 있어.

얼마 지나지 않아 미적분은 과학, 기술, 사업에 아주 유용한 도구로 사용되기 시작했어. 그 후 다른 수학자들, 그중에서도 특히 스위스의 천재 수학자 **레온하르트 오일러** 같은 이들 덕분에 몇몇 결점이 보완된 후로 더욱더 유용하게 쓰이게 되었지.

스위스의 천재 수학자, 오일러

스위스 수학의 거장 **오일러**는 평생 860권이 넘는 책과 논문을 쓰느라 무지무지 바빴어. 1707년에 태어나 1783년에 세상을 떠났으니까, 그는 어른이 되고 나서 해마다 15권씩 쓴 셈이야.

오일러는 라이프니츠와 뉴턴의 미적분에서 최고의 장점들만 뽑아내 과학과 공학에서 **현실적인 문제**들을 푸는 방법을 알아냈어.

하지만 그가 손댄 분야는 미적분뿐만이 아니었어. 그는 수학의 모든 분야에 관심을 가지고, 문제점을 지적했어.

오일러는 원주율 값을 나타내는 기호 π, 그리고 대수학에서 미지수를 나타내는 기호인 **x, y, z**를 대중화시켰어. 시그마라고 읽는 그리스 문자 **Σ**를, 수열의 합을 나타내는 기호로 사용한 것도 그였어.

전설적인 수학자였던 그는 **그래프 이론**(105쪽을 봐)을 개발했어. 또 사물이 늘어나는 성질인 탄성에 관한 중요한 방정식도 고안해 냈어. 이 방정식은 나중에 에펠 탑을 세울 때 쓰였지. 대단한 사람이야, 정말!

28쪽에 나왔던 **플라톤의 다면체** 기억나니? 오일러는 이 다면체에 관한 간단한 공식도 발견했어. 다면체에서는 면의 개수에 꼭짓점 개수를 더한 다음, 모서리의 개수를 빼면 항상 2가 된다는 공식이지.

하지만 이게 다가 아니야. 그는 자신의 이름이 붙은 '오일러의 수' 또는 '*e*'라고 불리는 **무리수**도 고안해 냈어. 이게 끝이 아니야. 그는 **허수**에 관해서도 눈부신 업적을 남겼어.

이제 겨우 3시군.
저녁 먹기 전에
세상을 뒤흔들 만한 발견을
하나 더 할 수 있겠어.

상상의 수

16~17세기에 수학자들은 아주 까다로운 공식과 방정식들 때문에 골머리를 앓고 있었어. $x^2 = -1$ 같은 방정식도 그중 하나였지.

실수*를 제곱하면 절대로 –1 같은 음수가 될 수 없다는 건 이제 알고 있지? 그런데 이탈리아의 수학자 라파엘 봄벨리가 앞에 나온 방정식의 답을 $x = \sqrt{-1}$, 즉 –1의 제곱근으로 삼기로 결정했어. 하지만 다른 수학자 중에는 이걸 탐탁지 않게 여기는 사람들도 있었어. 심지어 프랑스의 수학자 르네 데카르트는 매정하게도 $\sqrt{-1}$에 **'상상의 수'**라는 이름을 붙였어. 그 뒤 이 이름이 굳어져 계속 쓰이게 되었고, 우리말로는 헛된 수라는 뜻의 **'허수'**라는 말로 번역되었어.

그리고 제곱해서 음수가 되는 수를 나타내는 기호로 i를 쓰기 시작했어. 예를 들면 $2i$는 –4의 제곱근이고 $3i$는 –9의 제곱근이야.

요점이 뭐냐고?

* 실수는 유리수와 무리수를 통틀어 이르는 말이야.

글쎄, 중요한 방정식들 중에는 √−1이 꼭 필요한 것들이 있어. 그러니까 **음수의 제곱근**이 있어야만 풀 수 있는 방정식들이 있다는 거지. 이런 방정식들은 전류의 흐름을 측정하거나 비행기 날개 위를 지나는 공기의 흐름을 보여 주는 모델을 만들어 내는 데 쓰여. 아무튼 중요해.

어렸을 때, 다들 상상 속 친구가 하나쯤은 있었을 거야. 지금도 있다고? 흠, 부끄러워할 필요 없어. 나도 내 곁에서 항상 날 칭찬해 주는 윌프레드라는 상상 속 친구가 있거든. 그런 친구가 하나쯤은 있어야 해. **복소수**는 기본적으로 옆에 상상 속 친구가 하나 있는 실수야. 실수와 허수의 합의 꼴로 나타내는 수를 말하지. $6 + 0.7i$나 $11 - 4i$처럼 말이야. 점점 머릿속이 복잡해지지?

걱정할 필요는 없어. 복소수를 **물리학**이나 **공학**에서 많이 쓴다는 것만 알아도 훌륭하거든. 복소수는 수학 대가들에 의해 개발되어 왔어. 그중에는 오일러도 있지. 그는 오늘날 우리가 '집합'이라고 부르는 걸 눈으로 볼 수 있게 도표로 나타내는 초창기 방식인 **오일러 다이어그램***을 만들어 내기도 했어.

* 오일러 다이어그램은 원을 그려서 집합을 나타내는 방법이야.

조건에 맞게 모여라!

내가 이것들을 다 만들었다는 사실!

집합은 어떤 조건에 맞는 수나 사물 같은 대상들의 모임이야. 한 집합에 속한 대상들은 공통의 성질을 갖고 있어. 그래서 여러 집합을 만든 다음 그것들을 서로 비교하면 새로운 정보를 얻을 수 있지. 집합은 통계나 확률에도 사용돼. 독일 수학자 **게오르크 칸토어**는 이 분야의 선구자였어. 1874년에 집합에 관한 혁명적인 논문을 발표했거든.

집합에 속한 원소*들은 중괄호 { } 안에 쉼표로 분리해서 나열해. 예를 들면 오늘 내가 먹은 것들을 집합으로 표현해 볼게.

A = {달걀, 바나나, 사과, 토스트, 파스타, 오렌지, 손톱, 아이스크림}

윽, 나도 알아, 나한테 지저분한 버릇이 있다는 걸.

집합 B는 내가 오늘 먹은 **과일**들이야. B = {바나나, 사과, 오렌지}가 되겠지. 이 집합 B를 **부분 집합**이라고 해. 집합 안에 있는 집합이란 뜻이지. 이걸 식으로 표현하면, B⊂A가 돼.

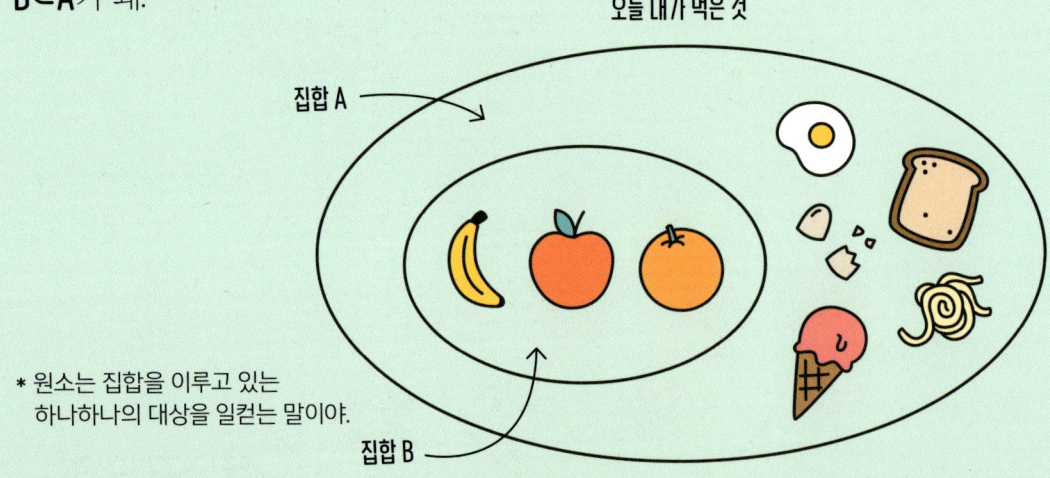

오늘 내가 먹은 것

집합 A

집합 B

* 원소는 집합을 이루고 있는 하나하나의 대상을 일컫는 말이야.

합집합은 둘 또는 더 많은 집합의 모든 원소를 한 군데에 합쳐 놓은 집합이야. 집합 A와 집합 B의 합집합은 이렇게 표현해. A∪B

집합이 두 개 있을 때, 두 집합 모두에 속하는 원소로 이루어진 집합을 **교집합**이라고 해. 예를 들면, 1에서 10까지의 정수들로 이루어진 집합을 A라고 하고, 3으로 나누어떨어지는 수들로 이루어진 집합을 B라고 하면, 집합 A와 집합 B 모두에 포함된 수는 3, 6, 9겠지? 그러므로 집합 A와 집합 B의 교집합은 {3, 6, 9}가 되는 거야. 이걸 기호를 써서 나타내면 A∩B={3, 6, 9}가 돼.

벤 다이어그램은 부분 집합, 합집합, 교집합 같은 집합 사이의 관계를 쉽게 알아볼 수 있도록 시각적으로 나타낸 그림을 말해. 영국의 수학자 **존 벤**이 1880년에 고안해 냈지.

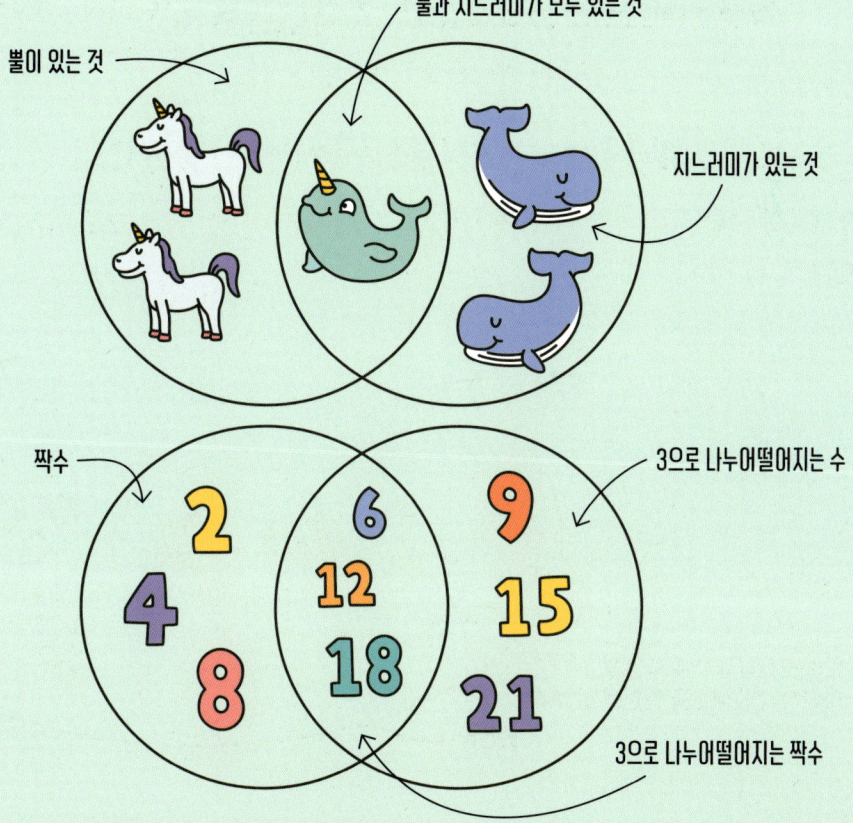

프로그램 가능한 최초의 컴퓨터?

18~19세기에 과학, 수송, 공학에 필요한 수학 표를 만드는 일이 유행했는데, 여기에는 **컴퓨터**라고 불린 **계산원**들이 동원되었어. 주로 여성이었는데 아주… 아주 긴 시간 일을 해야 했어.

영국의 **메리 에드워즈**와 그녀의 딸 **일라이자**는 선박 항해용 자료 표를 만드는 데 필요한 계산을 하는 일을 했어. 미국의 하버드 천문대에서는 **여성으로만 구성된 팀**이 통계 작업을 했어. 천문학자들에게 필요한 수학 계산이었지.

사람이 하는 일이라 실수를 피할 수 없어서, 표를 이용하는 사람들을 곤란하게 만드는 일이 잦았어. 그러던 중 영국의 수학자인 **찰스 배비지**가 이 문제를 해결하려고 도전했어. 배비지는 수많은 톱니바퀴가 달린 기계식 계산기를 만드는 일에 착수했어. 그의 최고 야심작은 증기 기관으로 작동하는 **해석 기관**이라는 기계였어. 그는 그 이전에 '차분 기관'이라는 기계도 고안했는데, 큰 수를 계산하고 로그나 삼각 함수도 계산할 수 있는 것이었어. 하지만 해석 기관은 프로그래밍을 할 수 있어서 더 다양한 용도로 활용할 수 있었지.

배비지의 친구 중에 **에이다 러블레이스**라는 백작 부인이 있었어. 새내기 수학자인 러블레이스는 해석 기관을 이용해 수열을 생성하고 수학 문제 푸는 방법을 설명한 책들을 썼어. 덕분에 그녀는 **최초의 컴퓨터 프로그래머**로 알려지게 되었어.

배비지의 차분 기관과 해석 기관은 설계만 되었고 여러 문제로 완성되지 못했어. 하지만 90년 후 **실제로 작동하는 컴퓨터**들이 만들어졌지.

어떤 컴퓨터였을까?

그 컴퓨터들을 작동시키려면 여전히 여성 계산원들이 필요했어. 하지만 톱니바퀴 대신 **전류**, **논리 회로**(논리 게이트), **2진수**의 도움을 받았지.

0과 1로 모든 수를 표현하다

배비지의 기계식 컴퓨터는 우리가 수를 셀 때 사용하는 방식의 수인 10진수를 기반으로 한 것이었어. 하지만 **전기식 컴퓨터**가 등장하면서부터는 10진수가 아니라 **2진수**가 사용되었지.

2진법은 17세기에 독일의 수학자 라이프니츠가 처음 발명했어. 3,000년 전에 쓰인 중국의 고전 《주역》의 영향을 받았다고 해. 《주역》은 미래를 예측하는 점술서야. **음과 양**으로 만들어지는 64괘의 패턴에 숨은 다양한 의미를 해석하는 방법이 적혀 있지. 음은 점선, 양은 실선으로 표현돼.

라이프니츠는 음과 양이라는 단순한 패턴만으로도 아주 복잡한 의미를 담아낼 수 있다고 생각했어. 그래서 2진법에도 두 가지 값만 있지. **1**과 **0**. 2진법은 0과 1을 사용해 수를 표현하는 방법이야.

2진법에서는 자릿값이 두 배씩 증가해. 이렇게 말이야.

64	32	16	8	4	2	1

그래서 숫자 9를 쓰려면, 8의 자리 열에 숫자 1을 쓰고, 4와 2의 자리 열에 각각 0을 쓰고, 1의 자리 열에 1을 쓰면 돼. 이렇게 말이야. 1001.

64	32	16	8	4	2	1
			1	0	0	1

만약 43을 쓰려면, 32자리 열에 1을, 16자리 열에 0을, 8자리 열에 1을, 4자리 열에 0을, 그리고 2자리 열과 1자리 열에 1을 쓰면 돼. 이렇게 말이야. 101011.

세상에는 '10'종류의 사람이 있지. 2진법을 이해하는 사람과 그렇지 못한 사람.

이런 방식이 **컴퓨터**에 무슨 쓸모가 있냐고? 공학자들은 전기 회로를 흐르는 전류를 이용하면 2진수를 표현할 수 있다는 사실을 발견했거든. 전류가 흐르는 상태, 즉 **켜짐** 신호를 1로, 전류가 흐르지 않는 상태, 즉 **꺼짐** 신호를 0으로 나타내는 거지.

1, 10, 11… 2진법은 너무 쉬워!

논리적인 회로?

1850년대 영국에 **조지 불**이라는 공붓벌레가 있었어. 학교를 무척이나 좋아해서 열아홉 살 때 영국 링컨셔 주에 직접 학교를 열기도 했다고 해. 그는 그리스어, 프랑스어, 독일어, 이탈리아어를 혼자 힘으로 배웠어. 게다가 자신만의 간단한 대수학 체계를 고안해 내기도 했지. **불 논리**라고 불리는 그것은 **2진법**을 활용하는 체계였어. 불 논리에서 나오는 답은 항상 1 아니면 0이었어.

불 논리는 1920~1930년대에 **논리 회로**라는 전기 장치를 만드는 데 사용되었어. 각각의 회로는 입력 신호를 받아 출력 신호를 내보내. 출력 신호는 켜짐 상태, 즉 '온'이나 꺼짐 상태, 즉 '오프' 두 가지 형태야.

논리 회로에는 **NOT 회로**(부정 회로), **AND 회로**(논리곱 회로), **OR 회로**(논리합 회로) 등이 있어.

NOT 회로에 어떤 신호가 입력되면 그것과 반대되는 신호가 출력돼. 예를 들어 이 회로에 '온(켜짐)', 즉 2진수로 1이 들어오면 그 반대인 '오프(꺼짐)', 즉 0이 출력돼.

AND 회로는 입력 신호는 두 개이고 출력 신호는 한 개인 회로야. 이 회로에서는 입력 신호가 둘 다 같은 경우에만 출력 신호가 '온'이 돼.

OR 회로 역시 입력 신호가 두 개야. 이 회로에서는 입력 신호 둘 중 적어도 하나가 '온'이어야만 출력 신호가 '온'이 돼.

논리 회로가 하나뿐이라면 그다지 자랑할 만한 일을 해낼 수 없어.

하지만 전기 회로로 논리 회로를 많이 연결시키면, 수학 계산을 엄청난 속도로 해낼 수 있지. 기대해! 이제 곧 놀라운 컴퓨터들을 만나게 될 거야.

엄청난 양의 수학 계산

1938년, 독일의 전자공학자 **콘라트 추제**가 실제로 작동하는 컴퓨터를 세계 최초로 만들어 냈어. Z1이란 이름의 컴퓨터를 만든 곳은 베를린에 있는 부모님의 아파트였다고 해. 부품이 30,000개였던 그 컴퓨터는 **2진법**을 이용해 계산을 했어.

이듬해 2차 대전이 일어났고, 신형 무기를 개발하거나 목표물을 정확히 맞힐 수 있도록 포탄의 탄도를 계산하기 위해 엄청난 양의 수학 계산이 필요해졌어. 그런 계산들을 하기 위해 **에니악**이나 **콜로서스** 같은 초대형 컴퓨터들이 미국과 유럽에서 제작되었지.

에니악은 무게가 27,000kg이나 되었어. '코끼리 다섯 마리' 무게와 맞먹었지. 그리고 크기는 농구 경기장만 했어. 이 기계는 새로운 프로그램을 구동시키기 위해 정비하는 데만도 여러 날이 걸렸다고 해. 하지만 일단 작동이 시작되면 번개처럼 빠른 속도로 계산을 했어. 그래, 맞아. 번개처럼 빠른 속도로!

계산원이 포탄의 탄도 한 개를 계산하는 데 15~20시간이 걸렸어. 하지만 에니악은 단 30초 만에 그 일을 해냈지.

1950년대와 1960년대를 거치면서 컴퓨터의 크기는 급격히 작아졌어. 모든 전기 회로와 논리 회로가 **실리콘 칩** 같은 아주 작은 조각 안에 들어갈 정도로 작아진 거야. 그리고 1995년에는 손톱보다 작은 칩 하나가 에니악이 하던 것 이상의 계산 능력을 가지게 되었어.

크기만 작아진 게 아니야. 더 빨라지고, 값도 싸졌어. 그리고 훨씬 더 강력해졌지.

오늘날의 컴퓨터들은 우리가 눈을 한 번 깜빡일 시간에 무려 **수백만 번의 계산**을 할 수 있어. 덕분에 수학자들은 지긋지긋할 정도로 길고 복잡한 계산에서 해방되어 창의력을 마음껏 발휘해 새로운 이론을 개발할 수 있게 되었지.

새롭고 멋진 이론들

컴퓨터의 발전이 수학의 발전에도 큰 기여를 했어. 새로운 아이디어와 이론이 생겨났고 그중에는 꽤 낯선 분야로까지 뻗어 나간 것들도 있어. 그중 좀 멋지고 파격적인 이론 세 개만 소개해 볼게.

게임 이론

이 수학 이론을 활용하면 사람들이 어떤 문제를 해결하려고 무언가를 결정할 때 어떻게 행동하는지를 연구할 수 있어. 체스 같은 **게임** 혹은 **비즈니스 협상**이나 **전쟁** 같은 심각한 일을 할 때 이 게임 이론을 유용한 **전략**으로 활용할 수 있지. 어떤 상황에서 사람들이 서로 경쟁하는 것이 나은지, 협력하는 것이 나은지 알 수 있는 **수학적 모형**을 만들어 낼 수 있거든.

카오스 이론

1961년, 컴퓨터로 기상과 관련된 시뮬레이션을 하는 도중 이상한 일이 발생했어. 기온이나 기압이 조금만 달라져도 실제 날씨에 엄청난 차이가 생겼지. 그리고 이 일을 계기로 미국의 기상학자 **에드워드 로렌즈**가 카오스 이론을 개발했어. 이 이론은 날씨나 인구 증가처럼 엄청나게 **복잡한 시스템**의 현상을 수학적으로 완벽하게 측정하거나 예측하는 일이 왜 불가능한지를 설명해 줘. 왜냐고? 그건 우리가 이런 복잡한 시스템에서 벌어지는 모든 일들을 알 수 없기 때문이야. 복잡한 시스템에서는 아주 작은 부분만 변해도 다른 부분들에서 커다란 변화가 생겨나거든. 카오스 이론은 이런 예측 불가능한 현상 속에도 논리적 법칙이 존재한다는 이론이야.

그래프 이론

그래프 이론은 오일러가 러시아의 한 도시에 있는 일곱 개의 다리를 건너는 방법을 연구하다가 시작되었다고 해. 여기서 말하는 그래프는 **지도**에 가까워. 점들 사이의 거리, 혹은 한 집단에서 누가 누구를 알고 있는지 같은 관계를 알 수 있는 선들과 점(교점)들로 이루어진 그래프거든.

프로그래머들은 컴퓨터 프로그래밍에 쓰이는 알고리즘을 설계하거나 **컴퓨터 네트워크**를 구성할 때 이 그래프 이론을 활용하곤 해.

우리 삶을 분석하는 수학

컴퓨터는 이제 어디서든 흔히 볼 수 있는 물건이 되었어. 그래, 어디서든! 집에 열 개도 넘게 있을 수 있어. 겉으로 보이지는 않지만 스마트 가전제품 안에도 있고 태블릿 안에도 있고 스마트폰 안에도 있어. 심지어 이것들은 서로 정보를 주고받기까지 해.

이건 시작에 불과해.

너희를 비롯해 수십억 명의 사람들이 컴퓨터를 사용하는 동안 자기도 모르게 **엄청난 양의 데이터**를 만들어 내고 있어. 인터넷으로 웹 사이트들을 돌아다니거나, 소셜 미디어에 글이나 사진을 올리거나, 온라인으로 물건을 사거나 하면서 말이야.

2018년에는 인류가 탄생한 뒤 2,000년 동안 만들어 낸 정보보다 더 많은 양의 정보를 단 이틀 만에 만들어 냈어. 정말 엄청나지?

데이터의 대부분은 서버 팜이라는 곳에 수집되고 저장돼. 각각의 서버 팜은 데이터 저장용 컴퓨터 수천 대로 구성되어 있어. 이렇게 수집된 빅 데이터에서 사람들은 컴퓨터와 수학을 활용해서 **패턴**이나 **경향**(동향) 같은 유용한 정보를 찾아내.

빅 데이터는 어디에 쓸까?

좋은 질문이야. 답은 여러 가지야.

- 정부가 국민들에 대해, 그리고 그들이 무엇을 원하는지를 알기 위해.
- 의사들이 환자들의 병을 조기에 찾아내기 위해.
- 기업이 소비자들이 앞으로 어떤 상품을 살지 알아내기 위해.

빅 데이터는 경찰이 **범죄**를 예측하고 방지하는 데도 활용돼. 데이터 분석 프로그램을 쓰면 범죄가 주로 어디서 발생하는지, 어떤 사람들이 범죄를 많이 저지르는지 등을 알아낼 수 있어. 그러면 그런 장소에 더 많은 경찰을 배치해 감시할 수 있지. 하지만 데이터를 이런 식으로 사용하는 것은 **논란**의 여지가 있어. 분석이 잘못되어 엉뚱한 사람이 범죄자 취급을 받는 일이 생길 수도 있기 때문이야.

빅 데이터는 쉬지 않고 몸집을 키워 가고 있어. 컴퓨터는 앞으로 더욱더 똑똑한 방식으로 우리와 세계에 대해 분석할 것이고, 놀라운 발견을 하게 될 거야.

수학은 미래를 바꿀지도 몰라

앞으로 수학 분야에서 어떤 새로운 발전이 일어날지는 아무도 몰라. 그건 빅 데이터를 써도 예측할 수 없을걸.

우리가 할 수 있는 건 그저 추측을 해 볼 뿐이야. 그럼, 미래를 한번 생각해 볼까?

미래에는 수학 이론과 정리를 제대로 이해해서 **새로운 아이디어를 만들어 내는 컴퓨터**가 나올지도 몰라. 수학의 엄청난 혁신이 인간이 아니라 컴퓨터에 의해 일어날 수도 있다는 말이야.

빅 데이터의 규모가 커지면 커질수록, 미래에는 **위험 요소를 정확하게 예측**해 앞으로 벌어질 재난이나 위기 상황을 미리 알 수 있게 될 거야. 그리고 정보를 더 많이 처리하면 할수록 우리는 컴퓨터를 더 신뢰하게 될 거야. 컴퓨터가 우리 대신 많은 걸 학습하고 분석해 주겠지.

하지만 어느 날 갑자기 어떤 수학자가 새로운 이론으로 우리를 깜짝 놀라게 할지도 몰라. 어쩌면 그 주인공이 **너희**일 수도 있지.

이번 세기나 아니면 다음 세기쯤 완전히 새로운 수학 이론이나 정리가 발견돼 모든 걸 바꿔 놓을 수도 있어. 예를 들면 우주에 대해 수학이 더 많은 걸 설명할 수 있게 될 거야. 덕분에 우리는 우주 저 멀리 여행을 할 수도 있을 거고.

100% 확실한 건 수학이 앞으로도 사람들 삶에 아주 중요한 부분을 차지할 거란 사실이야.

위대한 수학적 발견의 연대기

수만 년 전 손가락과 개코원숭이 뼈로 수를 세기 시작한 이래, 우리 인간은 수학에 관해 많은 것을 알아내 왔어. 이 연표는 그 기나긴 여정을 한눈에 볼 수 있게 만든 거야.

기원전 43000년
선사 시대 사람이 개코원숭이 뼈에 눈금을 새겨 수를 기록했어. 이것은 인간이 **수를 세고 기록한** 가장 오래된 증거야.

기원전 3100년
이 무렵 메소포타미아에서 **수메르인**들이 거의 완벽한 **수 체계**를 사용했어. 그리고 불과 몇 백 년 만에 학자들은 점토판에 곱셈표를 베껴 적었지.

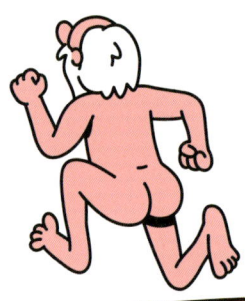

기원전 212년
그리스의 위대한 수학자이자 발명가인 **아르키메데스**가 세상을 떠났어. 그는 여러 도형의 면적을 구하는 방법을 알아낸 것을 비롯해 평생 수많은 발견을 했어.

기원전 200년경
중국에서 《**산수서**》가 만들어졌어. 이 책에는 중국인들이 이뤄 낸 혁신적인 수학적 발견이 담겨 있어. 그중에는 분수를 이용한 계산도 있어.

서기 100년경
고대 **중국인**들이 **종이** 만드는 법을 알아냈어. 덕분에 수학과 관련된 정리들을 종이에 적어 다른 사람들에게 쉽게 알려 줄 수 있게 되었지.

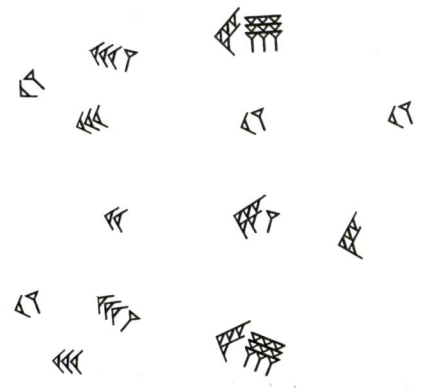

기원전 2700년
고대 이집트인들이 **피라미드**를 건설하는 데 수학을 활용했어.

기원전 1830년
고대 바빌로니아인들이 **60진법**을 사용했어.

기원전 300년
유클리드는 도형과 공간의 성질에 관련된 수학, 즉 기하학과 다양한 수학 원리를 정리한 책 **《원론》**을 썼어. 이 책은 이후 다른 수학자들에게 큰 영향을 미쳤어.

기원전 530년
피타고라스가 학교를 열었어. 그곳에서 수학자들을 비롯한 많은 사람이 수학을 배우고 토론했어. **피타고라스학파**는 많은 (수학적) 정리들을 만들어 냈어.

서기 400년
최초의 여성 수학자 **히파티아**가 고대 이집트 알렉산드리아에 있는 학교의 첫 여성 책임자가 되었어.

서기 628년

인도의 사상가 브라마굽타가 **0**을 수 그 자체로 정의했어. 0이 긴 숫자의 단순한 공백이나 구멍이 아니라, 역할이 있다는 걸 인정한 거지.

서기 762년

바그다드에 큰 도서관이 세워졌어. **지혜의 전당**이라고 불린 이 도서관에서는 수학을 비롯해 여러 학문을 교육했어. 덕분에 대수학과 기하학을 비롯한 수학의 여러 분야에서 많은 발전이 이루어졌어.

1299년

이탈리아 피렌체의 지배자들이 **0의 사용을 금지**했어. 이 새로운 수에 겁을 먹었던 거지.

1557년

영국의 수학자 로버트 레코드가 **등호(=)**를 고안했어. 이 기호는 그 후, 대수학과 방정식에 널리 쓰이게 되었어.

1618년

영국의 수학자 존 네이피어가 로그 체계를 고안해 큰 수의 계산을 빠르게 할 수 있게 되었어. 선원, 공학자, 과학자, 사업가 들 사이에서 **로그표**가 널리 쓰이기 시작했지.

서기 820년

지혜의 전당 관장이었던 **알 콰리즈미**가 대수학을 좀 더 효과적이고 실용적으로 쓸 수 있는 방법을 발견했어. 이 방식은 그의 이름을 따서 '알고리즘'이라고 불리게 돼.

1202년

이탈리아의 상인이자 수학자인 **레오나르도 피보나치**가 로마 숫자 대신 인도-아라비아 숫자 사용을 권장하는 내용의 책을 썼어. 이 책에는 수열에 관한 설명도 실려 있었어. 바로 '피보나치수열' 말이야.

1654년

초기 기계식 계산기가 발명되고 12년이 지난 뒤, 프랑스의 블레즈 파스칼이 확률에 관한 이론을 고안했어. **확률 이론**에는 프랑스의 피에르 페르마도 한몫했지.

1720년

레온하르트 오일러가 열세 살의 나이로 바젤대학교에 입학했어. 그 후 그는 그래프 이론을 개발하고, 미적분과 해석학을 발전시키고, 수백 권의 논문과 책을 썼어.

1841년

에이다 러블레이스 백작 부인이 찰스 배비지가 설계한 **해석 기관**의 작동법과 알고리즘을 설명하는 책을 썼어. 세계 최초의 컴퓨터 프로그램 설명서였지.

1970년

최초의 **휴대용 계산기**가 등장했어. 샤프, 캐논, 산요 같은 일본 기업이 만들었어.

1945년

초대형 컴퓨터 **에니악**이 미국에서 작동을 시작했어. 사람이 많은 시간 동안 해야 했던 계산을 불과 몇 초 만에 할 수 있게 되었지.

1991년

월드와이드웹상에 세계 최초의 **웹 사이트**가 만들어졌어. 이제 사람들은 수학을 비롯한 자신들의 지식을 전 세계 사람들과 나눌 수 있게 되었어.

1854년

조지 불이 2진법을 활용하는 자신의 논리 체계를 발표했어. **불 논리**는 20세기의 컴퓨터에 중요한 기여를 해.

1928년

요한 폰 노이만이 장차 **게임 이론**의 핵심이 될 논문을 발표했어.

1938년

독일의 젊은 공학자 콘라트 추제가 Z1을 제작했어. 2진법을 쓰는 이 기계는 실제로 작동하는 **세계 최초의 컴퓨터**였어. 5년 후 Z1은 공습을 받아 파괴되었어.

2011년

월드와이드웹이 등장하고 나서 20년이 지난 2011년, 세계에는 3억 4,500만 개가 넘는 웹 사이트가 생겨났어.

2021년

스위스 그라우뷘덴 응용과학대 연구진이 슈퍼컴퓨터를 이용해서 파이 값을 소수점 아래 62조 8,000억 번째 자리까지 알아냈어. 세계에서 가장 정확한 원주율을 밝혀낸 거야.

수학에서 실수가 벌어지면…

이 책은 놀랍도록 정확한 수학 연구를 해낸 빛나는 수학자들의 예들로 가득해. 하지만 실쑤… 미안! 실수가 나왔을 때는 어떤 일이 벌어질까?

수학자들은 실수를 발견하고 검토해서 바로잡는 작업을 오랜 시간에 걸쳐 해. 하지만 틀린 상태 그대로 발표되는 경우도 있어. 그러면 **끔찍한 결과**가 생길 수도 있지.

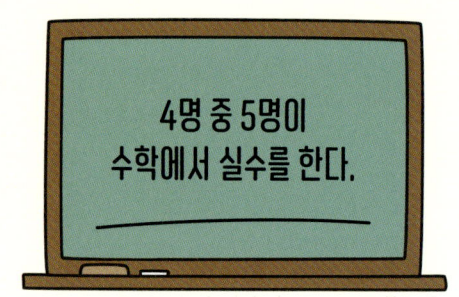

너희가 가게에 갔는데 머릿속으로 계산하다가 실수를 했다고 생각해 봐. 그럼 물건을 **얼토당토않은 가격**으로 살 수도 있고, 잔돈을 제대로 받지 못하는 일이 생길 수도 있어. 값을 더 많이 지불했다는 걸 너무 늦게 알아챌 수도 있고. 물론 푼돈에 불과한 일이 대부분일 거야. 하지만 어떤 실수는 대가가 아주아주 커.

2003년, 미즈호증권이라는 일본 금융 회사에서 일하던 한 트레이더가 숫자를 헷갈려 사고를 쳤어. 주식 1주를 610,000엔(약 610만 원)에 사려다 610,000주를 1엔에 파는 실수를 저질렀어. 이 실수로 그의 회사는 무려 **1조 원에 가까운 손해**를 봤어.

태평양 건너 캐나다에서는 한 정당이 예산 편성을 하다 **큰 숫자를 빼는 대신 더하는 실수**를 했어. 그 금액이 무려 14억 달러였다고 해. 우리 돈으로 1조 원이 훨씬 넘어.

에스파냐에서는 신형 잠수함 S80 설계 도중 누군가 **소수점을 잘못 찍는 실수**를 했어. 그 결과 잠수함은 중량이 너무 무거워져 잠수 뒤 수면으로 떠오를 수 없었어. 맙소사, 세상에 이런 일이!

잠수함은 길이를 10m 늘려야 했고, 추가 비용이 많이 들었어. 게다가 엎친 데 덮친 격으로 잠수함이 길어지는 바람에 배를 수리하는 곳에 들어가지 못해서 추가로 엄청난 비용이 들었대. 하지만 이건 1628년 세계 최강의 전함에 생긴 일에 비하면 새 발의 피야….

또 다른 놀라운 실수들

1628년, 스웨덴 해군의 자랑 **바사호**가 첫 항해에 나섰어. 하지만 얼마 지나지 않아 뒤집혀서 바닷속에 가라앉았어.

이 군함은 애초부터 설계가 잘못되어 배 윗부분이 너무 무거웠어. 게다가 작업자들이 사용한 **측량 도구**도 제각각이었지. 어떤 사람은 1피트가 27cm인 자로 작업하고, 어떤 사람은 1피트가 30cm인 자로 작업했다고 해. 그러니 작업할 때 잰 길이가 제각각이었겠지. 맙소사!

잘못된 단위로 계산해서 12,000m 상공에서 항공기 연료가 바닥난 경우도 있었어. 에어캐나다 보잉 767기는 이륙 전에 기름을 넣었어. 문제는 연료의 양을 **파운드(lb) 단위**로 계산했다는 거야. 원래는 **킬로그램(kg) 단위**로 계산해야 하는데 말이야. 1킬로그램은 2.2파운드니까, 비행하는 데 필요한 연료의 **절반**밖에 넣지 않은 거지. 다행히 조종사들이 활주로에 미끄러지는 방식으로 비행기를 가까스로 착륙시켰고, 아무도 다치거나 죽지 않았어.

하지만 도량형*과 관련된 실수는 계속되었어. 이번에는 멋진 신형 우주선이었지. 미국항공우주국(NASA)은 1999년에 **화성 기후 탐사선**을 발사했어. 그런데 이 탐사선은 궤도 가까이 진입하는 데는 성공했지만, 탐사에는 성공하지 못했어. 폭발해 버렸거든! 조사 위원회가 밝힌 바에 따르면 우주선을 제어하는 데 필요한 컴퓨터 코드에서 도량형을 **미터법***으로 써야 하는데 일부 프로그램에서 **야드파운드법***을 썼다고 해. 담당자들 중 아무도 이 사실을 체크하지 않았던 게 사고로 이어진 거지. 이번에도 맙소사!

컴퓨터 때문에 벌어진 실수는 또 있어. 1997년 순항 중이던 미국 해군 전함 요크타운호가 갑자기 멈춰서 움직이지 않았어. 누군가가 실수로 0을 입력했는데, 컴퓨터가 그걸 0으로 나누려고 시도한 거야. 낯부끄러운 실수로 함내 모든 네트워크가 다운된 거지.

* 도량형은 길이, 부피, 무게 등의 단위를 재는 법이야.
* 미터법은 길이는 미터, 부피는 리터, 무게는 킬로그램을 기본 단위로 써.
* 야드파운드법은 길이는 야드, 부피는 갤런, 무게는 파운드를 기본 단위로 써.

수학 퀴즈

공부하라고 내는 문제가 아니니까 재미있게 풀어 봐. 뒤에 실린 답은 보지 말고!

1 덧셈 기호 만들기
오른쪽 조각들로
덧셈 기호(+)를 만들어 봐.

2 한번 그려 봐!
팔각형의 변의 개수와 육각형의 대각선 개수 중 어느 쪽이 더 많을까?

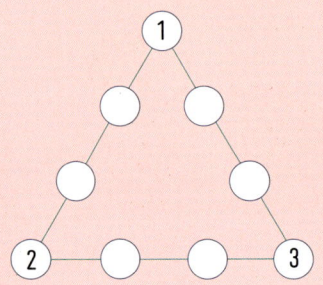

3 삼각형 문제
빈 원 안에 4~9의 숫자를 넣어 봐.
단, 삼각형의 각 변의 합이 모두 같아야 해.
각 변의 합은 얼마일까?

4 동전 옮기기
동전들로 만든 삼각형이야. 동전 세 개만
움직여서 역삼각형을 만들어 봐.

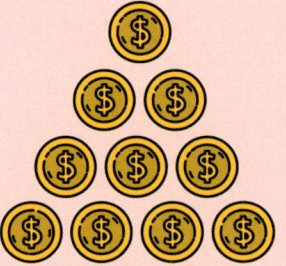

5 덧셈과 뺄셈
덧셈 기호와 뺄셈 기호만 써서 다음 식을 완성해 봐.

14 11 5 3 9 = 26

6 행운의 복권

복권을 추첨해서 상을 주기로 했어. 참가자는 80명이고, 각각 두 장씩 뽑을 수 있어. 상은 20개야.
복권 한 장을 뽑을 때 상을 받을 확률은 얼마나 될까?

7 가장 큰 초콜릿을 골라 봐!

너는 지금 아주 배가 고파. 그리고 초콜릿은 네가 가장 좋아하는 간식이야.
다음에서 어떤 걸 고르면 가장 많은 초콜릿을 먹을 수 있을까?

$8\frac{1}{3}$ 조각   8.35 조각 $\frac{68}{8}$ 조각

8 카프리카 상수

이번에는 인도의 수학자 카프리카가 고안한 상수 퍼즐을 내 볼게. 우선 마음에 드는 네 자리 수 하나를 생각해 봐. 단 네 자리 수 중에 서로 다른 숫자가 최소 두 개는 있어야 해. 예를 들면 9999는 안 돼. 하지만 1999나 2488은 돼.

1. 네 자리 수를 한 번은 큰 숫자부터 배열하고, 한 번은 작은 숫자부터 배열하여 두 수를 만들어.

2. 두 수 중 큰 수에서 작은 수를 빼.

3. 그 수를 가지고 1번과 2번의 과정을 되풀이해 봐. 계속 반복하면 나중에는 같은 수만 나올 거야.
   계속해서 나오는 같은 수, 즉 카프리카 상수는 뭘까?

정답

이제 정답을 알려 줄게. 그런데 설마 앞에 문제는 풀지도 않고 답부터 보려는 건 아니겠지?

1 덧셈 기호 만들기

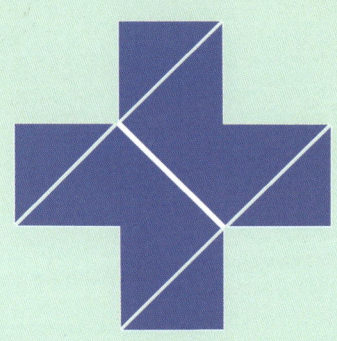

2 한번 그려 봐!

육각형의 대각선 수가 아홉 개로 더 많아.
팔각형의 변의 수는 여덟 개야.

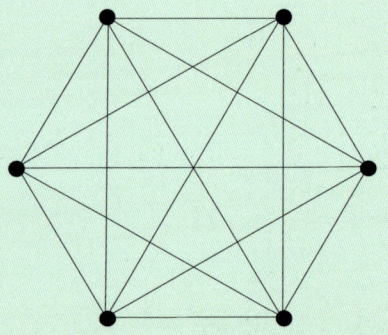

3 삼각형 문제

17

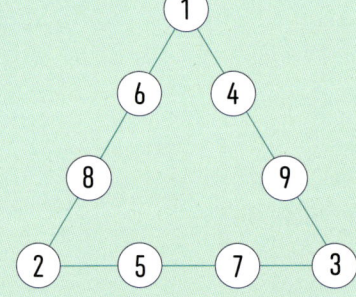

4 동전 옮기기

5 덧셈과 뺄셈

14 + 11 − 5 − 3 + 9 = 26

6 행운의 복권

$\frac{1}{8}$

복권 160장을 상 20개로 나누면 돼.

7 가장 큰 초콜릿을 골라 봐!

$\frac{68}{8}$ 조각은 8.5조각과 같아.

8 카프리카 상수

6174

어떤 네 자리 수를 선택하든 나중에는 7641 − 1467 = 6174가 무한히 반복돼.

용어 설명

2진법	0과 1 두 숫자를 사용해 수를 나타내는 방식.
기하학	점, 선, 면, 도형, 공간과 같은 것을 다루는 수학의 한 분야.
다각형	셋 이상의 직선으로 이루어진 평면 도형. 삼각형, 사각형, 오각형 등이 있다.
대수학	개개의 숫자 대신에 숫자를 대표하는 일반적인 문자를 사용하여 수의 관계, 성질, 계산 법칙 따위를 연구하는 학문. 미지수를 알아내는 방법으로 사용된다.
대칭	기준이 되는 점, 선, 면을 사이에 두고 같은 거리에 마주 놓여 있는 것.
무한대	한없이 큰 수나 양. 또는 끝없이 커져 가는 상태.
반지름	원이나 구의 중심에서 그 원둘레나 구면의 한 점에 이르는 선분. 또는 그 선분의 길이.
방정식	어떤 문자가 특정한 값을 취할 때에만 성립하는 등식. 미지수가 포함되어 있다. 예를 들면 $4x = 12$ 또는 $2x + 8 = 4y$.
백분율	전체 수량을 100으로 하여 그것에 대해 가지는 비율. 예를 들면 8%는 $\frac{8}{100}$이다. 백분율의 기호 %는 퍼센트(프로)라고 읽는다.
부피	사물이 공간에서 차지하는 크기.
분모	분수에서 가로줄 아래쪽에 있는 수나 식.

분포	통계학에서 자료가 흩어져 있는 상태나 방식.
빗변	직각삼각형의 가장 긴 변.
소수	1과 자신 이외의 자연수로는 나눌 수 없는 자연수.
수열	일정한 규칙에 따라 한 줄로 배열된 수들.
식	숫자, 문자, 기호를 써서 이들 사이의 수학적 관계를 나타낸 것.
음수	0보다 작은 수.
인도-아라비아 수 체계	오늘날 우리가 사용하는 수 체계의 이름. 0에서 9까지의 숫자로 이루어져 있다.
자릿값	숫자가 위치하고 있는 자리에 따라 정해지는 값.
제곱	같은 수를 두 번 곱하는 것.
제곱근	제곱하여 어떤 수 a가 되는 수를 a의 제곱근이라 한다. 예를 들면 9의 제곱근은 3이다. ($3 \times 3 = 9$)
지름	원이나 구의 중심을 지나는 직선. 또는 그 선분의 길이.
평균	여러 수나 같은 종류의 양의 중간 값을 갖는 수.
확률	어떤 일이 일어날 가능성의 정도.

찾아보기

2진수 61, 88, 97~102, 115
가우스, 카를 85~87
게임 이론 104
고대 그리스 20, 26~33, 36~39, 41~42, 44~51, 65, 110
고대 이집트 18~26, 31, 111
고대 중국 52~55, 98, 110
그래프 이론 91, 105, 114
기하학 24, 26~29, 38~39, 46, 50, 62, 66, 71, 80, 111, 112
네이피어, 존 78~79, 112
논리 회로 97, 100~101, 103
뉴턴, 아이작 39, 87~90
대수학 67~70, 73~74, 81, 91, 100, 112~113
대칭 71
라이프니츠, 고트프리트 88~90, 98
러블레이스, 에이다 97, 114
로그 78~79, 112
로마인 49~51
마방진 54~55
마야 11, 56~60
무리수 64~65, 91
미래의 수학 108~109
미적분 61, 88~90, 114
미지수 63, 68~69, 91~92
바빌로니아인 15~17, 34, 111
배비지, 찰스 96~98, 114
분수 22~23, 53, 64, 82, 110
불, 조지 100, 115
브라마굽타 60, 63, 112
비 30, 39~41, 53, 65
빅 데이터 106~107

소수 44~45
수메르인 15, 59, 110
아랍 수학 63, 66~74
아르키메데스 31, 47~49, 77, 89, 110
아리아바타 62~64
알 콰리즈미, 무함마드 이븐 무사 67~68, 77, 113
암호 해독 70
에라토스테네스 44~47
여성, 수학에서 29, 96~97, 111, 114
역설 42~43
영(0) 60~61
오일러, 레온하르트 90~91, 93, 105, 114
유럽 수학 7, 10, 71, 72~75, 78~95
유클리드 37~39, 41, 80, 87, 111
음수 35, 52, 92~93
인도 수학 55, 60~63, 67, 72, 89, 112
인도-아라비아 수 체계 62~63, 67, 74, 113
제곱 33~35, 77, 81, 92
제곱근 65, 92~93
증명 26~27, 36~38
지구 둘레 계산 46~47, 62
지수 76~79
지혜의 전당 66~67, 70, 112, 113
집합 94~95
카오스 이론 105
컴퓨터 61, 67, 96~108, 114~115, 119
탤리 스틱 10~11
통계 83~87, 94, 96
파스칼, 블레즈 80~82, 113
파이 30~31, 49, 64, 91, 115

플라톤의 다면체 28, 91
피보나치, 레오나르도 73~75, 113
피타고라스 32~33, 36~37, 65, 111
허수 92~93
확률 81~83, 94, 113
히파티아 29, 111

빠르게 보는 수학의 역사 수를 세는 동굴인에서 컴퓨터까지

클라이브 기퍼드 글 | 마이클 영 그림 | 장석봉 옮김

초판 1쇄 펴낸날 2022년 5월 2일
편집장 한해숙 | 편집 신경아, 이경희 | 디자인 최성수, 이이환
마케팅 박영준, 한지훈 | 홍보 정보영, 박소현 | 경영지원 김효순
펴낸이 조은희 | 펴낸곳 ㈜한솔수북 | 출판 등록 제2013-000276호
주소 03996 서울시 마포구 월드컵로 96 영훈빌딩 5층 | 전화 02-2001-5822(편집), 02-2001-5828(영업)
전송 02-2060-0108 | 전자우편 isoobook@eduhansol.co.kr
블로그 blog.naver.com/hsoobook | 페이스북 soobook2 | 인스타그램 soobook2
ISBN 979-11-7028-946-3, 979-11-7028-813-8(세트)

A Quick History of Maths

© 2020 Quarto Publishing Plc
Text © 2020 Clive Gifford
Illustrations © 2020 Michael Young
First published in 2020 by Wide Eyed Editions, an imprint of The Quarto Group.
All rights reserved.
Korean language edition © 2022 by Hansol Soobook
Korean translation rights arranged with The Quarto Group through EntersKorea Co., Ltd., Seoul, Korea.

이 책의 한국어판 저작권은 ㈜엔터스코리아를 통한 저작권사와의 독점 계약으로 ㈜한솔수북이 소유합니다.
저작권법에 의해 한국 내에서 보호를 받는 저작물이므로 무단 전재 및 복제를 금합니다.

어린이제품안전특별법에 의한 제품 표시
품명 도서 | 사용연령 만 7세 이상 | 제조국 대한민국 | 제조자명 ㈜한솔수북 | 제조년월 2022년 5월

※ 값은 뒤표지에 있습니다.

큐알 코드를 찍어서
독자 참여 신청을 하시면
선물을 보내 드립니다.

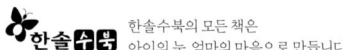

한솔수북의 모든 책은
아이의 눈, 엄마의 마음으로 만듭니다.